Eine Auswahl lieferbarer
HEYNE-KOCHBÜCHER
finden Sie auf den letzten Seiten dieses Bandes

EVA TRAUTER

DAS HEYNE-GEWÜRZBUCH

WÜRZEN — ABER WIE?

**Alles über Anwendung, Herkunft
und Eigenart von 142 Gewürzen
und 93 Würzsaucen —
eine praktische Einführung
in die Hohe Schule des Würzens**

Mit 14 Illustrationen
nach Zeichnungen von Gerd Berthold
und mit ausführlichen Registern

WILHELM HEYNE VERLAG
MÜNCHEN

HEYNE-BUCH Nr. 4031
im Wilhelm Heyne Verlag, München

23. Auflage

Copyright © 1966 by Wilhelm Heyne Verlag, München
Printed in Germany 1979
Umschlag: Atelier Heinrichs, München
Umschlagfoto: Foto-Reger, München
Gesamtherstellung: Ebner Ulm

ISBN 3-453-40026-7

INHALT

WÜRZEN — ABER WIE?

Geht es Ihnen auch so? Man möchte gern ein paar neue Gewürze ausprobieren, aber man steht dem verwirrend großen Angebot ziemlich ratlos gegenüber. Man liest fremdländische Namen, vielversprechende Werbung, man könnte so gut im täglichen Einerlei einige pikante Abwechslungen gebrauchen — aber man traut sich nicht. Schließlich resigniert man mit der Feststellung, der Umgang mit Gewürzen und Saucen sei doch zu kompliziert, und außerdem viel zu kostspielig.

Ein guter Gedanke, daß Sie dieses Gewürzbuch zur Hand genommen haben! Hier möchten wir Ihnen nämlich beweisen, daß Würzen weder kompliziert noch kostspielig ist, sondern eine vergnügliche Kunst, die leicht zu erlernen ist. Mit einer guten Anleitung, die Ihnen ohne unnötige Floskeln präzise Erklärungen an die Hand gibt.

Aus der Vielzahl der Gewürze und Saucen — täglich kommen neue auf den Markt — haben wir für Sie eine übersichtliche Auswahl getroffen: Sie finden in dieser Gewürzfibel 142 Gewürze, dazu 93 Saucen und anderes Würziges mit genauen Angaben über Herkunft, Würzcharakter, Eigenart und Verwendungsmöglichkeiten. Bei den fertigen Saucen wird, soweit bekannt, auch noch die Zusammensetzung angegeben. Zu einigen Gewürzen haben wir Ihnen noch ein besonders typisches, delikates Rezept angegeben.

Mit diesem HEYNE-GEWÜRZBUCH haben Sie in der Küche alles griffbereit beisammen, was Sie zum richtigen (und feinschmeckerischen!) Würzen wissen müssen und können während des Kochens die passende Würzvariation auswählen.

WIE IST DIESES GEWÜRZBUCH ANGELEGT?

Sie finden alle Informationen, die Sie suchen, in die zwei großen Kapitel »Gewürze« und »Saucen« gegliedert. Jedes Gewürz, jede Sauce ist mit dem allgemein bekannten Namen aufgeführt und nach diesem Namen in der alphabetischen Reihenfolge der Gewürze bzw. Saucen eingeordnet.
Gleichzeitig werden aber auch alle anderen sonst noch gebräuchlichen Bezeichnungen genannt. Alle diese Bezeichnungen stehen im Register, so daß Sie dort ein Gewürz, eine Sauce unter jedem nur irgendwie verwendeten Namen sofort finden können. Die zwei ausführlichen Register stehen am Schluß des Buches: eins für Gewürze, eins für Saucen und andere Würzen.

Hier noch einmal die Aufteilung des Buches:

1. Gewürze von A bis Z
2. Würzbeispiele – geordnet nach Gemüse, Suppen, Fleisch und Fisch
3. Saucen und anderes Würziges von A bis Z
4. Namens- und Sachregister der Gewürze
5. Namens- und Sachregister der Saucen usw.

DAS EINKAUFEN DER GEWÜRZE

Frische Gewürze können Sie auf dem Markt kaufen, getrocknete Gewürze und Saucen in Lebensmittel- und Feinkostgeschäften, aber auch im Reformhaus und in Kaufhäusern. Verpackt sind die Gewürze in Tütchen, Blechbüchsen und Gläsern, Saucen gibt es in Gläsern und Flaschen. Die Preise sind natürlich sehr unterschiedlich. Sie richten sich vor allem nach der Qualität oder Seltenheit, dann nach den abgepackten Mengen. Auch Gewürze und Saucen mit hohem Preis können durch ihre Ergiebigkeit oft als relativ billig bezeichnet werden. Für das richtige Haushalten mit kostbaren Gewürzen kann es keine allgemeine Regel geben: das muß jede Hausfrau selbst ausprobieren. Kaufen Sie aber Gewürze immer nur in kleinen Mengen, sie verlieren bei langer Lagerung an Aroma.

LAGERUNG UND ZUBEREITUNG DER GEWÜRZE

Bewahren Sie Gewürze so auf, daß jedes für sich luftdicht abgeschlossen ist. Gewürze wie Paprika und Curry sollten sogar noch lichtundurchlässig aufbewahrt werden, da durch starke Lichteinwirkung (Sonnenlicht) die Farbe verbleicht. Bewahren Sie bitte die Gewürze nicht in Papiertütchen auf, und besonders nicht mehrere in einer Büchse. Es kann sonst passieren, daß ein Gewürz den Duft des anderen annimmt. Wir raten Ihnen, Gewürze in grober Form — geschnitten oder gerebelt — zu kaufen. Je gröber das getrocknete Gewürz ist, desto länger hält sich das Aroma. Während des Kochens zerreiben, zerstoßen oder zermahlen Sie dann jeweils die benötigte Menge. Sie kaufen also eine ganze Muskatnuß und raspeln oder reiben auf einer kleinen **Muskatreibe** das Quantum, das Sie gerade brauchen. Empfehlenswert ist außerdem eine **Pfeffermühle**. Die ganzen Pfefferkörner mahlen Sie dann direkt ins Essen.

DER PORZELLANMÖRSER

Zum Zerstoßen und Vermischen von Gewürzen und Saucen empfehlen wir Ihnen einen kleinen Porzellanmörser. Am besten, Sie stellen ihn griffbereit neben die Gewürzgläser und Saucenflaschen (dort ist auch der beste Platz

für dieses Gewürzbuch und andere Kochbücher). Und
während des Kochens zerstoßen Sie dann die Gewürze
im Mörser. Je feiner Trockengewürze zerstoßen (und
frische Gewürze geschnitten) werden, desto besser ent-
faltet sich das Aroma. Selbstverständlich können Sie getrocknete Gewürze auch zwischen den Fingern zerreiben.
Im Mörser lassen sich Gewürze auch gut untereinander
oder mit Saucen vermischen.

WO STEHEN DIE GEWÜRZE?

Gewürze sollen zwar griffbereit, nicht aber direkt über
der Kochstelle oder im Sonnenlicht stehen, damit sie nicht
dauernd Temperaturunterschieden ausgesetzt sind. Falls
Ihre Küche sehr klein ist, hängen Sie das Regal recht
hoch (aber so, daß Sie es noch bequem erreichen), damit
der Dampf nicht direkt über die Gläser streicht. Saucen-
und Essigflaschen stellen Sie bitte kühl, aber nicht eiskalt
(ins unterste Türfach des Kühlschrankes).

DIE RICHTIGE WÜRZMENGE

Hin und wieder finden Sie auf Gewürzgläsern Mengenangaben. In diesem Buch wurden aber Mengenangaben
bei Gewürzen und Saucen absichtlich vermieden . . .
Denn: Erstens hat jede Köchin eine andere Geschmacks-
richtung – und dann richtet sich die Gewürzmenge auch
nach der Speisenmenge. Falls Sie selten würzen, müssen
Sie erst einmal die einzelnen Gewürze und ihre Wirkung
kennenlernen und für jeden speziellen Fall Ihre eigene
Dosierung finden.
Am Anfang würzen Sie am besten mit winzigen Prisen,
messerspitzenweise oder mit der Menge, die Sie zwischen
zwei Fingerspitzen halten können. Haben Sie einige

Würzerfahrung gewonnen, können Sie mutiger werden. Das gilt genauso für Saucen. Anfangs nehmen Sie einen Teelöffel und steigern dann langsam die Menge.

WELCHE GEWÜRZE SOLLEN SIE KAUFEN?

Diese Frage läßt sich nicht generell beantworten. Ich meine, Ihren Geschmack kennen Sie selbst am besten, und vielleicht haben Sie schon eine besondere Vorliebe. In ihrer »Würzpraxis« begann die Autorin mit Thymian, der sehr vielseitig verwendbar ist. Nach und nach probiert man andere Gewürze aus und lernt Saucen verwenden. Das HEYNE-GEWÜRZBUCH präsentiert Ihnen die ganze Vielseitigkeit der einzelnen Gewürze und Saucen. Beim Durchblättern werden Sie immer neue Entdeckungen machen und zum Ausprobieren verlockt werden. Das ist der beste Weg, den wir Ihnen nicht durch allzuviel Theorie verbauen möchten. Gewürze geben nicht nur jedem Gericht seinen besonderen »Pfiff«, sie sind auch noch appetit- und verdauungsanregend, blutreinigend und gesundheitsfördernd.

Grund genug, nicht damit zu geizen. Bedenken Sie aber, daß eine Würzzusammenstellung (Gewürze wie Saucen) niemals den Eigengeschmack der Speisen »übertönen« darf.

WANN WERDEN DIE GEWÜRZE INS ESSEN GEGEBEN?

Stark gekochte Gewürze verlieren ihr Aroma. Am besten, Sie geben das Gewürz während des Kochens dazu – schmecken aber vor dem Servieren das Essen ab und würzen gegebenenfalls nach.

UND NUN PROBIEREN SIE'S EINMAL

mit diesem HEYNE-GEWÜRZBUCH: Es wird Ihnen alle
Fragen beantworten, Anregungen für Ihren Speisezettel
geben und die Freude am Würzen vermitteln, mit der das
Kochen zu einem Vergnügen – und zu einem Fein-
schmecker-Abenteuer wird.
Dazu wünschen wir Ihnen gutes Gelingen!

GEWÜRZE VON A BIS Z

Aji-no-moto

Japanisches Glutamat

ein Glutamat aus Japan, wie alle Glutamate aus Pflanzeneiweiß gewonnen, ohne Eigengeschmack, im eigentlichen Sinn also kein Gewürz. Es verstärkt aber den Eigengeschmack der Speisen und ist deshalb zum Beispiel in der japanischen Küche unentbehrlich.

Sie können Aji-no-moto für alle pikanten Gerichte nehmen: für Suppen, Gemüse, Saucen, Fleisch.

Bitte lesen Sie Näheres über Glutamate unter dem Stichwort »Glutamat«.

Anis

Anissamen
Anis Seed Whole

stammt aus dem östlichen Mittelmeerraum, wächst mittlerweile auch bei uns. Die süß-würzigen Früchte, Anissamen genannt, erhalten Sie ganz oder gemahlen. Ihr eigenwilliger Geschmack verträgt sich kaum mit anderen Gewürzen.

Probieren Sie Anis einmal in folgenden Gerichten:

Gemüse: Rotkraut, Karotten, Kürbis.
Süßspeisen: Apfelkompott, Apfelmus, Obstsuppe, süßer Reis, Pudding, süßer Auflauf, Pflaumen- und Birnenkompott, Gebäck.
Verschiedenes: Grog, Punsch.

Sie kaufen Anis am besten als ganzes Korn und mahlen beziehungsweise zerreiben im Mörser jeweils vor Gebrauch eine kleine Menge. Gemahlene Gewürze verlieren nämlich schnell ihr Aroma. Als Gewürz ist Anis sehr appetitanregend. Anistee wird bei Erkältungen empfohlen, denn er wirkt lindernd und beruhigend.

Über Sternanis, der in Deutschland sehr oft gebraucht wird und der sehr stark nach Anis duftet und schmeckt, lesen Sie näheres unter dem Stichwort »Sternanis«.

Barbecue-Spice

Brat-Grill-Gewürz
Bratengewürz

Barbecue-Spice ist eine pikante Gewürzmischung, die rauchartig schmeckt und gemahlene Gewürze wie Knoblauch, Nelken, Paprika, Salz, Zucker, Chilipfeffer und Glutamat enthält.
Barbecue-Spice gibt es auch in Saucenform unter der Bezeichnung Barbecue-Sauce.

Barbecue-Spice nehmen Sie für:

Gemüse: Gebackene weiße Bohnen.
Salate: Für alle pikanten Salate.
Fleisch: Für alles Gegrillte und Kurzgebratene, wie Kalb, Steaks, Schweineschnitzel, Schweinebraten, Geflügel.
Fisch: Für alle gebratenen Fische.

Sie können Barbecue-Spice in der Sauce mitkochen lassen.

Basilikum

**Basil
Basil Swet**

Über Südasien, Indien und Persien kam Basilikum zu uns, sozusagen zu uns ins Zimmer, denn sogar im Blumentopf läßt sich die Pflanze ziehen. Als Würze nehmen Sie Blätter und Samen. Basilikum duftet herb-würzig und schmeckt pikant.

Basilikum, frisch, getrocknet oder in Pulverform für:

Gemüse: Weißkraut, Erbsen, Linsen, weiße Bohnen, Gurken, Tomaten, gedünstete Zucchetti, Kohlrabi.
Suppen: Blumenkohl-, Tomaten-, Erbsen-, Bohnen-, Eintopf.
Salate: Bohnen-, Reis-, Wurst-, Fleisch-, grüner, Kartoffel-, Spargel-, Tomaten-, Fisch-.
Fleisch: Schwein, Rind, Gulasch, Ragout, Hammel, Huhn.
Fisch: gebacken und gebraten, z. B. Schleie.
Verschiedenes: Kräuteressig, Kräuterbutter, Mayonnaise, Kräutersauce.

Bewahren Sie Basilikum bitte luftdicht und lichtundurchlässig auf.
Basilikum-Samenkörner eignen sich auch als Tee, der nervenstärkend und nervenberuhigend wirkt.

Beau Monde Seasoning

Unter dieser Bezeichnung gibt es eine Gewürzmischung zu kaufen, in der Zwiebelpulver und Sellerie enthalten sind.

Beau Monde Seasoning geben Sie in:

Salate: Grüner, Fleisch-.
Fleisch: Schweineschnitzel, Steaks, Kalb.

Probieren Sie doch einmal:

Schweineschnitzel gewürzt mit Beau Monde Seasoning und Bananenzwiebel.

Dazu brauchen Sie für 2 Personen: 2 geklopfte Schweineschnitzel, Pfeffer, Salz, Beau Monde Seasoning, Butter zum Braten.
Zutaten für **Bananenzwiebel:** $1^{1}/_{2}$–2 in Scheiben geschnittene Bananen, Butter zum Braten, $1^{1}/_{2}$ in dünne Ringe geschnittene Zwiebeln, Salz, Pfeffer.

Zubereitung des Schweineschnitzels:
Schnitzel salzen, pfeffern, auf beiden Seiten anbraten, mit ganz wenig Beau Monde Seasoning bestreuen, fertig braten. Heiß stellen.
Nebenbei bereiten Sie in einer kleinen Pfanne die **Bananenzwiebeln** zu: Sie lassen die Butter heiß werden, geben die Zwiebel dazu, lassen sie glasig werden und dazu kommen die geschnittenen Bananen. Braten Sie die Bananen vorsichtig unter Rühren auf kleiner Flamme, damit sie nicht zerfallen oder breiig werden.
Garnieren Sie die Schnitzel mit diesem Gemüse und reichen Sie dazu **Weißbrot** oder **Kartoffelbrei.**

Beifuß

ist endlich einmal ein Gewürz, das aus Deutschland stammt und wild an Wegrainen wächst.
Es riecht recht würzig und schmeckt auch so, hat aber

einen bitteren Nachgeschmack. Zum Würzen werden Blätter und Wurzeln der Pflanze genommen. Sie bekommen Beifuß geschnitten oder pulverisiert im Handel.

Es wirkt neutralisierend in fetten Speisen und sollte daher als Hauptgewürz genommen werden für:

Suppen: Fleisch-, Kartoffel-, Zwiebel-, Eintopf.
Fleisch: Schwein, Gans, Ente.
Fisch: Aal.

Beifuß fördert nicht nur die Fettverdauung, er eignet sich auch für die Diätküche und wirkt als Arznei krampfstillend und schweißtreibend.
Der getrocknete Beifuß behält ca. 1 Jahr lang seine Würzkraft.

Beizgewürz

Falls Sie zum Beizen die Gewürze nicht selbst zusammenstellen wollen, haben Sie mit dem Beizgewürz eine fertige Mischung, die Sie verwenden können:

zum Einsalzen von Gurken, Bohnen und Sauerkraut, für Meeresfrüchte — wie Muscheln —, außerdem für Würzessig und Beizessig.

Bibernelle

Pimpinelle
Pimpernell

heißen die kleinen rosa Blüten, die Sie im Sommer an niedrigen Stauden, auf Wiesen und Wegrainen finden.

Zum Würzen wird die dicke weiße Wurzel verwendet, die nicht gut riecht und scharf schmeckt.

Bibernelle wirkt verdauungsfördernd.

Bitte lesen Sie weiteres darüber unter dem Stichwort »Pimpinelle«.

Boemboe-Nasi-Goreng

Das ist eine Mischung aus getrockneten indischen Kräutern, Zwiebeln und 8 verschiedenen Gewürzen, die so aufeinander abgestimmt sind, daß sie zu dem indonesischen Spezialgericht Nasi-Goreng passen. Diese Delikatesse besteht meistens aus: Fisch, Fleisch, Ei, Gurke, Reis und pikanten Saucen. Sie vereinigt alle Geschmacksrichtungen in sich: Saures, Pikantes, Süßes.

Mit Boemboe-Nasi-Goreng können Sie alle Gerichte würzen, an die Sie gebratene Zwiebeln geben.

Für ein Gericht, zum Beispiel Gemüse, brauchen Sie nur 1 Eßlöffel Boemboe-Nasi-Goreng. Sie lassen es in wenig Wasser quellen und dünsten es kurz an.

Boemboe-Sesaté

Boemboes heißen in der malaiischen und indonesischen Küche Gewürze und Gewürzmischungen.
Boemboe-Sesaté ist ein Mischgewürz, das mit Milch oder Wasser und Ketchup aufgekocht wird und als Beize für Fleischwürfel des Gerichtes Saté dient. Das Fleisch wird darin eingelegt und dann an kleinen Bambusspießchen geröstet oder gegrillt (ähnlich wie das uns bekannte Schaschlik = Fleischspießchen).

Sie können dieses Gewürz auch in der deutschen Küche verwenden, nämlich für:

Fleisch: Spießchen, Schwein, Rind.

Bohnenkraut

Savory
Summer Savory

Kräuterbücher des 16. Jahrhunderts erwähnen das Bohnenkraut bereits als Heilpflanze und Würze. Wir finden es in ganz Europa. Blätter und Stengel dieses duftig-würzigen Krautes lassen sich frisch und getrocknet verwenden. Bitte, gehen Sie sparsam damit um, es hat einen starken Eigengeschmack, der die gewürzten Speisen nicht übertönen sollte.

In Salatsaucen sparsam verwendet, verträgt sich das Bohnenkraut gut mit Estragon, Petersilie, Schnittlauch, Zitronenmelisse. Bohnenkraut schmeckt außerdem in:

Gemüse: Eintopf, Pilze, Gurken, Bohnen, Wirsing, Weißkraut, Rotkraut, Hülsenfrüchte.
Suppen: Kartoffel-, Erbsen-, Bohnen-.
Salate: Grüner, Gurken-, Wurst-, Fleisch-, Kartoffel-.
Fleisch: Hammel, Ragout, Huhn.
Fisch: Alle gekochten Fische.
Verschiedenes: Käse- und Salzgebäck, zum Einlegen von Gurken, Mayonnaise.

Bohnenkraut eignet sich auch für die Diätkost.
Für Salate nehmen Sie möglichst die zarten, frischen Blätter und Stengel. In Gemüse und Eintopfgerichten kochen Sie einige Zweige Bohnenkraut mit, die Sie nach dem Kochen herausnehmen.
Bohnenkraut bekommen Sie getrocknet und gemahlen.

Borretsch

ein höchst »vornehmes« Gewürz aus der Familie der
Boraginazeen, sozusagen orientalischer Hochadel. Mittlerweile wächst Borretsch auch bei uns, sogar wild. Er
riecht und schmeckt ein bißchen nach Gurke, ein bißchen
nach Zwiebel. Als Gewürz nehmen Sie die frischen Blättchen. Sie können auch die blauen Blüten verwenden.
Borretsch muß immer fein geschnitten werden.

Er paßt in die Salatsauce und verträgt sich auch mit anderen Gewürzen wie Dill, Schnittlauch, Petersilie, Zitronenmelisse. Geben Sie ihn in:

Gemüse: Rotkraut, Weißkraut, Wirsing, weiße Boh-
nen, Gurken, Rohkost, Schwarzwurzel.
Suppen: Kartoffel-.
Salate: Spinat-, Endivien-, grüner, Gurken-, Kartoffel-.
Fleisch: Hammel, Nieren.
Fisch: Aal.
Verschiedenes: Kräuteromelett, Senf- und Rahm-
sauce, Kräuter- und Tomatensauce.

Borretsch verwenden Sie am besten frisch, obwohl er sich
auch zum Trocknen eignet. Auf keinen Fall sollten Sie
ihn mitkochen lassen, sondern immer erst kurz vor dem
Anrichten zugeben.
Borretschtee wirkt schweißtreibend und schmerzlindernd bei inneren Entzündungen.

Bouquet garni for Beef

Die Gewürzmischung besteht aus: Majoran, Bohnenkraut, Basilikum, Salbei, Rosmarin, Oregano.

Mit Bouquet garni for Beef würzen Sie:

Fleisch: Fleischklopse, Frikadellen, Hackbraten (das

Gewürz vor dem Braten in das Fleisch geben). Steaks (nach dem Braten würzen), Rindsbraten (vor dem Braten mit Bouquet garni for Beef einreiben), Rindfleisch, gekocht und geschmort, während des Kochens würzen.
Verschiedenes: Fleischbrühe, Fleischsuppen, Eintopf.

Falls das Gewürzaroma während des Kochens verlorengeht, würzen Sie bitte kurz vor dem Servieren nach.

Bouquet garni for Soup

(speziell für Suppen) ist eine Kräuterkomposition, die aus Basilikum, Bohnenkraut, Petersilie, Majoran, Thymian und Estragon besteht.
Bouquet garni for Soup paßt in:

Suppen: Eintopf, Kartoffel-, Bohnen-, Minestrone, Hühner-, Nudel-, Fisch-, Fleisch-, Geflügel-.

Geben Sie das Gewürz am besten während des Kochens dazu. Wenn die Suppe fertig ist, schmecken Sie ab und würzen gegebenenfalls nochmals nach.

Cayenne-Pfeffer

Pepper Cayenne
Cayennepepper
Lombok Rawit gemahlen
Chillies
Chilipfeffer
Spanischer Pfeffer

Cayenne-Pfeffer (auch Chillies und Teufelspfeffer genannt) stammt von der schärfsten der scharfen Pfefferschotenart ab. Verwandt mit dem Paprika, beheimatet in Westafrika, Mexiko und Kalifornien.

Ein feurig-heißes Gewürz, das Sie – einmal »geschmeckt« – sehr, sehr sparsam verwenden werden. Cayenne-Pfeffer gibt es getrocknet (in Schoten, die auch Peperoni genannt werden) und gemahlen (er ist schärfer als Paprika durch den hohen Gehalt von Capsaicin).

Cayenne-Pfeffer gehört in:

Gemüse: Bohnen, Blumenkohl, Linsen.
Suppen: Creme-, Fisch-.
Salate: Meeresfrüchte-.
Fleisch: Schwein, Ragout.
Fisch: Gebraten.
Verschiedenes: Zum Einlegen von Gurken, Mixed Pickles und Heringen, Käse- und Eierspeisen, gebratene und gebackene Bananen, Auflauf, Reisgerichte.

Über Chilisaucen berichte ich unter der Bezeichnung »Chili-Sauce«.
Chili-Pulver (Chili-Powder) ist ein Mischgewürz, das u. a. Cayenne-Pfeffer enthält. Lesen Sie bitte mehr darüber unter dem Stichwort »Chilipulver«.

Chili Con Carne Seasoning

So nennt sich ein »rassiges« mexikanisches Fleischgewürz. Es besteht aus Knoblauch, Kümmel, Oregano, Chilipfeffer und anderen Gewürzen.

Chili Con Carne Seasoning paßt zu

Fleisch: Rind, Schwein, Hammel.

Verwenden Sie auch dieses Gewürz recht sparsam.

Chilipulver

Chili-Powder

Chillies sind kleine Schoten einer sehr scharfen Pfefferschotenart, beheimatet in Cayenne. Die gemahlenen
Chillies werden mit Oregano, Paprika, Knoblauch, Nelken
und anderen Gewürzen zu einer Mischung zusammengestellt (ähnlich wie Curry), dem Chilipulver.

Mildes und scharfes Chilipulver, paßt in:

Gemüse: Auberginen, Tomaten, Linsen, Bohnen.
Suppen: Tomaten-, Fisch-.
Salate: Fleisch-, Bohnen-.
Fleisch: Gulasch, Gehacktes, Ragout, Pastete.
Fisch: Gebacken und gebraten, Meeresfrüchte.

Gemahlene Chillies (Chilipfeffer) werden auch Cayenne-
Pfeffer genannt. Er ist sehr scharf. Lesen Sie weiteres
über Chillies unter dem Stichwort »Cayenne-Pfeffer«.

Curry

Curry Powder
Ragoutpulver
Curry-Paste

Curry ist ein Mischgewürz, ein besonders gut »kompo-
niertes«, das 12 bis 30 Gewürze in sich vereint, u. a. Pfeffer, Ingwer, Piment, Paprika, Nelke, Koriander, Kardamom, Muskat, Zimt, Chillies. Es gibt viele verschieden-
artige Curry-Mischungen.
Curry schmeckt scharf brennend, pikant, macht aber nicht
durstig und ist sehr bekömmlich. Der starke Eigengeschmack darf nur einmal in einer Menüfolge auftauchen.

Vorsicht vor zuviel Curry, er »übertönt« leicht ein Ge-
richt.
In Indien ist Curry eine der Grundlagen der Würzkunst.
Er ist auch die Hauptwürze der Worcestershire-Sauce.
Auf jeden Fall gehört Curry zu Reisgerichten. Der Reis
saugt seine Schärfe auf.

Curry in Pulver- oder Pastenform geben Sie außerdem in:

Gemüse: Tomaten, Sauerkraut.
Suppen: Blumenkohl-, Kartoffel-, Tomaten-, Fisch-.
Fleisch: Schwein, Rind, Kalb, Lamm, Huhn, Gans,
Wild.
Fisch: Gekocht.

Bedenken Sie, daß Curry lichtempfindlich ist und daher
luft- und lichtundurchlässig aufbewahrt werden muß.

Daoen Djeroek Poeroet

Daoen Djeroek Poeroet heißen die Blätter des indischen
Zitronenbaumes. Sie duften und schmecken aromatisch.
In der indischen und indonesischen Küche werden diese
Blätter als Würze für Fleisch (für die Reistafel) verwen-
det.

Nehmen Sie Daoen Djeroek Poeroet für:

Fleisch: Gebraten, Rind, Schwein.
Fisch: Gekocht.

Daoen-Salam

So heißt das indische Lorbeerblatt (auch Friedensblatt
genannt), es duftet und schmeckt ähnlich wie unser be-
kanntes Lorbeerblatt, nur milder.
Nehmen Sie Daoen-Salam
zum Braten von Fleisch.

Lesen Sie weitere Anwendungsmöglichkeiten unter dem
Stichwort »Lorbeer«.

Dill

Dillkraut
Dill Weed
Dillsaat
Dillspitzen

Der Dill kam aus Südeuropa zu uns in den Garten.

Blätter und Samen verwendet man frisch oder getrocknet
für:

Gemüse: Kohlrabi, Zucchetti, Bohnen, Tomaten, Erb-
sen, Gurken.
Suppen: Blumenkohl-, Tomaten-, Kartoffel-, Bohnen-,
Fisch-.
Salate: Grüner, Gurken-, Kartoffel-, Tomaten-, Roh-
kost.
Fleisch: Gekochtes Rind, Huhn.
Fisch: Gekocht, Karpfen, Schleie, Forelle, Aal.
Verschiedenes: Dillsauce, Dillmayonnaise, Salz- und
Bratkartoffeln, pikanter Quark, zum Einlegen von Gur-
ken.

Dill verliert sein Aroma nach dem Trocknen und dem
Kochen.
Als Hausmittel (aufgegossene Dillblätter) hilft Dill bei
Blähungen und Schlaflosigkeit. Er wirkt verdauungs-
fördernd.

Nun ein Tip für

**Dillsauce zu gekochtem Rindfleisch, zu gekochten
Eiern, zu Karpfen blau, und zu neuen Kartoffeln**

DILL

Zuerst bereiten Sie dazu eine Einbrenne:

Für 2 Personen rühren Sie 1 Eßlöffel Mehl in 1 Eßlöffel Butter, so daß die Mischung glatt, aber nicht
braun wird. Dazu geben Sie 3–4 Eßlöffel süße Sahne
und rühren alles weiter auf kleiner Flamme, pfeffern und salzen.

Nach ca. 5–10 Minuten geben Sie 2 Eßlöffel feingehackten Dill dazu. Lassen Sie die Sauce einmal
kurz aufkochen.

Djintan

So heißt der indische Kümmel, den Sie bei uns fast nur
gemahlen kaufen können. Djintan wächst in den Tropen
und im Mittelmeergebiet. Er schmeckt mild und duftet
frisch-würzig. Sie können ihn wie unseren Kümmel verwenden.

Hauptsächlich gehört Djintan zu Nasi-Goreng und zur
Reistafel. Er paßt aber auch in Suppen, Eintopf, Weißkraut, Sauerkraut, Schweinefleisch.

Dost

Oregano

Dost hat verschiedene Namen. Außer Oregano nennt
man ihn auch wilden Majoran. Genaueres erfahren Sie
unter dem Stichwort »Oregano«.

Estragon

Tarragon

Estragon kommt aus Sibirien und wächst jetzt auch bei uns im Garten. Zum Würzen nehmen Sie die Blätter- und Blütenspitzen, die stark aromatisch duften und schmecken. Es gibt auch Estragonkraut gerebelt.

Estragon gehört in:

Gemüse: Karotten, Linsen, Tomaten, Gurken, Blumenkohl.
Suppen: Kartoffel-, Fisch-.
Salate: Spargel-, Fleisch-, grüner, Gurken-, Kartoffel-, Tomaten-, Chicoree-.
Fleisch: Sauerbraten, Roastbeef, Huhn, Wild.
Fisch: Gekocht, marinierter Hering.
Verschiedenes: Sauce Béarnaise, Sauce Hollandaise, Kräuterbutter, Marinaden.

Wie alle Gewürze sollten Sie auch Estragon recht sparsam verwenden.
Er eignet sich auch ohne weiteres für die Diätkost.
Über Estragon-Essig lesen Sie unter dem Stichwort »Weinessig«.

Fenchel

Fennel Seed

Schon die Römer und Griechen wußten den lieblichen Geschmack und die medizinischen Verwendungsmöglichkeiten von Fenchel zu schätzen. In Südeuropa wurde er wildwachsend gefunden.

Wenn man Fenchelkörner zerbeißt, haben sie einen anis-
artigen, süßlichen Geschmack. Ganze Fenchelkörner oder
gemahlene passen in:

Gemüse: Gurken, Sauerkraut.
Salate: Grüner, Gurken-.
Fisch: Karpfen.
Verschiedenes: Fischsaucen, Marinaden, Fleisch- und
Hühnerbrühe.

Fenchelstengel (auch Fenchelknollen, italienisch Finocchi
genannt) können Sie als Gemüse zubereiten. Frische
junge Fenchelblätter nehmen Sie für Salate und Rohkost.
Mit Fenchel haben Sie nicht nur ein interessantes Küchen-
gewürz, für Gemüse und Salat gefunden, sondern auch
ein zuverlässiges Hausmittel. Fencheltee hilft bei Leib-
schmerzen, Blähungen, Migräne. Er ist krampflösend.

Fines herbes

Kräutermischung

ist eine Mischung mehrerer, aufeinander abgestimmter
getrockneter ungemahlener Kräuter. Es gibt dabei verschiedene Zusammenstellungen, milde oder aromati-
schere. Die Mischung besteht aus 3 bis 9 Kräutern wie
Petersilie, Schnittlauch, Rosmarin, Bohnenkraut.

Fines herbes paßt mit seinem pikanten Geschmack
zu Fleischspeisen, Salaten, Gemüse und Saucen.

Am besten, Sie schütten die jeweils benötigte Menge der
Kräutermischung in den Mörser und zerstoßen sie. Dadurch wird die Würze noch viel aromatischer.

Fischgewürz

Fish garni

Das Fischgewürz ist eine pikante Gewürzmischung, die u. a. aus Piment, Lorbeer, Pfeffer besteht.

Sie gehört zu allen Arten von gegrilltem, gebratenem oder gebackenem Fisch.

Fondor

Maggi-Feinwürzmittel

Fondor ist ein Feinwürzmittel, hergestellt aus Glutamat, Pflanzeneiweiß, Fett, Kochsalz, Kohlehydraten und Gewürzen. Es sieht gelblich-weiß aus und duftet würzig. Fondor »hebt« den Geschmack der Speisen, ohne daß ihr Eigengeschmack übertönt wird.
Sie können Fondor anstelle von Kochsalz nehmen.

Fondor paßt in Fleisch, Geflügel, Fisch, Eierspeisen, Saucen, Gemüse und Salate.

Geflügelgewürz

Poultry Seasoning

Falls Sie auf eigene Würzzusammenstellungen verzichten wollen, haben Sie mit dem Geflügelgewürz eine vielseitig verwendbare, pikante Kräutermischung. Poultry Seasoning besteht hauptsächlich aus: Salbei, Thymian, Rosmarin und Bohnenkraut.

Bitte verwenden Sie Poultry Seasoning sparsam für:

Suppen: Geflügel-, Gulasch-, Eintopf.
Fleisch: Kalb, Pastete, Geflügelfüllung.

Gemüseflocken

Vegetable Flakes

Die Mischung besteht u. a. aus getrockneten und gemahlenen Karotten, Tomaten, Sellerie, Zwiebeln, Spinat, Paprika und Petersilie.

Vegetable Flakes nehmen Sie für Suppen, würzige Saucen, Fleischbrühe.

Die Gemüseflocken geben dem Essen nicht nur einen kräftigen Geschmack, sondern auch ein recht buntes Aussehen.

Gewürzmischung für Süß-Speisen

Diese fertige süß-pikante Gewürzmischung besteht aus Zimt und gemahlener Muskatnuß. Sie eignet sich für:

Süßspeisen: Pudding, Kirschkompott, Kürbiskompott, Apfelmus.

Gewürznelke

Cloves Whole
Cloves Ground (gemahlene Gewürznelke)

Zärtliche Namen ranken sich um dieses lieblich duftende, feurig schmeckende Gewürz: Näglein, Negelke. Es ist die

NELKE

verkleinerte Form von Nagel. So sahen früher die hand-
geschmiedeten Nägel aus. Negelkes Heimat sind die Mo-
lukken und Madagaskar. Der immergrüne Nelkenbaum
kann bis zu 12 m – manchmal sogar 20 m – hoch werden.
Als Gewürz werden die getrockneten Blütenknospen
genommen, entweder als ganze »Nägel« oder gemahlen.
Eine dramatische Würzgeschichte liegt hinter der Gewürznelke, da sie immer ein wertvolles und wichtiges
Handelsprodukt war.

Eine Zwiebel mit Lorbeerblatt und mit »Näglein besteckt«
paßt gut zu Rotkraut und Sauerkraut. Ganze Nelken
können Sie in Glühwein geben. Gemahlene Nelken
geben Sie in:

Süßspeisen: Apfelkompott, Birnenkompott, Obst-
suppe, Obstsalate, Kürbiskompott, Pudding, Gebäck.
Fleisch: Schmorbraten, Zunge, Kalbsragout, Huhn.
Fisch: Gedünstet.

Von der Gewürznelke sagt man, daß sie mit ihren äthe-
rischen Ölen nicht nur den Magen stärkt, sondern auch
das Gefäßsystem und die Nerven anrege.

Glutamat

Glutamin
Glutate

Glutamat ist ein Naturprodukt aus Pflanzeneiweiß, das
in Japan und China hergestellt wird. Es hat keinen Eigengeschmack, im Gegenteil: Es stärkt und »hebt« den
Eigengeschmack der Speisen. Ein wenig Glutamat (auf 1 l
oder 1 kg = 1,5 g Glutamat) genügt für alle pikanten –
fertig gekochten – Gerichte.

Es kann anstelle von Salz für die kochsalzfreie Diätkost genommen werden.

Glutamat wirkt nervenstärkend.

Eduard A. Brecht schreibt in seiner Broschüre »Die magische Droge« über Glutamat:

»Glutamin kommt natürlich in allen zusammengesetzten Proteinen vor. Es handelt sich um eine Aminosäure, die für den menschlichen Körper von außerordentlicher Bedeutung ist für Wachstum und andere biochemische Reaktionen. Sie hat zwei sehr bemerkenswerte Eigenschaften, um derentwillen es sich verlohnt, sich mit ihr zu beschäftigen: erstens, sie unterstreicht den Wohlgeschmack und das Eigen-Aroma aller Speisen, zweitens, sie hat auf die Nervenzellen einen stark belebenden Einfluß, der bis in die seelischen Bezirke reicht.

Die Glutaminsäure wurde zum erstenmal 1866 von dem deutschen Chemiker Ritthausen im Weizenkleber (Gluten) gefunden. Die Ritthausensche Entdeckung hatte zunächst nur mehr theoretisches Interesse. Nach der Jahrhundertwende griff der Japaner Dr. Ikedo, Tokio, die Sache wieder auf. Er fand Glutaminsäure in einer Meeresalge und entwickelte ein Verfahren, sie zu gewinnen. Dieses Verfahren wurde 1909 patentiert und von der Suzuki Compagnie unter dem Namen AJI-NO-MO (Geschmacksessenz) auf den Markt gebracht (in China erschien es unter dem Namen VE-TSIN). Die Alge erwies sich als wenig ertragreich. Man nahm wieder Weizen als Ausgangsstoff.«

Grüne Pfefferflocken

Bell Pepper Flakes

Das sind rote und grüne Flocken aus kalifornischen Pfefferschoten.

Bell Pepper Flakes sind ein kräftiges, schmackhaftes Gewürz für:

Eierspeisen, Gemüsesalate, Kartoffelsalat, Suppen, Fleisch, Fisch.

Gumbo File

Über Gumbo File gibt es nicht »viel« zu berichten.

Es ist eine Gewürzmischung für:

Suppen, wie Hühner-, Truthahn-, Krabben- und Austernsuppe.

Heglutan

Heglutan wird aus einer japanischen Wurzel gewonnen. Das Gewürz hat kein eigenes Aroma, hebt aber den Eigengeschmack der damit gewürzten Gerichte.

Geben Sie eine kleine Prise Heglutan in:

Gemüse: Pfifferlinge, Erbsen, Blumenkohl, Eintopf.
Fleisch: Schwein.

Holzkohlenaroma

Charcoal Seasoning

Diese Gewürzmischung streuen Sie vor dem Grillen über Fleisch und Fisch. Das Holzkohlenaroma ersetzt Kochsalz und verleiht den Speisen einen wunderbaren Holzkohlengeschmack. Sparsam verwenden!

Ingwer

Ginger Ground (gemahlener Ingwer)
Ginger
Djahe (gemahlener Ingwer)

Wie viele Gewürze spielte auch der Ingwer eine große
Rolle in den Handelsbeziehungen im Mittelalter. Seit
dem 16. Jahrhundert ist der Wurzelstock der Ingwer-
pflanze als prickelnd-scharfes Gewürz bekannt. Wir verwenden ihn kandiert, getrocknet und gemahlen. Er
kommt aus Japan, China, Indien und Afrika.

Er paßt in:

Suppen: Bohnen-, Zwiebel-, Kartoffel-.
Süßspeisen: Obstsuppe, Obstsalat, Pudding, süßer
Auflauf, Gebäck.
Fleisch: Schwein, Huhn.
Verschiedenes: Fischsud, Wildbeize, Getränke.

In England wird Ingwer zur Herstellung von Bier
gebraucht, dem bekannten Ginger-Beer.
Ingwer ist appetitanregend, magenstärkend und fördert
die Verdauung.
Etwas fiel mir auf: In japanischen und chinesischen Koch-
büchern tauchte immer wieder der Rat auf, nur frische
Ingwerwurzeln zu verwenden, und falls es sie nicht gibt,
besser auf Ingwer zu verzichten. Es wird geraten, Ingwer
in Dosen zu verwenden. Da die Beschaffung von frischen
Ingwerwurzeln hierzulande fast unmöglich ist, empfehle
ich Ihnen trotzdem: Nehmen Sie Ingwer, wenn Sie den
Geschmack lieben, gemahlen oder kandiert zum Würzen,
er wird Ihr Gericht auf jeden Fall bereichern, aber gehen
Sie sparsam damit um.

Italienische Gewürzmischung

Italian Seasoning

Diese Gewürzmischung gibt dem Essen eine typisch italienische Note. Sie enthält u. a. Rosmarin, Salbei, Basilikum, Knoblauch und Bohnenkraut.

Versuchen Sie Italian Seasoning in folgenden Speisen:

Gemüse: Tomaten, Bohnen.
Salate: Italienisch zubereitet.
Fleisch: Gehacktes, Geflügel.

Verwenden Sie auch diese Mischung recht sparsam.

Kalmus

Gewürzkalmus

Kalmus hat viele Namen: Magenwurz, Ackerwurz, deutscher Zitwer und deutscher Ingwer. Er wächst an Sümpfen, Teichen und Flußufern und wird bis zu 1 m hoch. Das Gewürz, das sich bei uns ausgebreitet hat, kommt ursprünglich aus Indien.
Als Würze wird die aromatische Wurzel gesammelt. Man kann sie geschält, getrocknet und gemahlen verwenden. Sie schmeckt würzig-bitter, ähnlich dem Ingwer.

Kalmus verwenden Sie zum Würzen von Obstsuppen und Obstsalaten.

Weitere »würzige Tips« finden Sie unter dem Stichwort »Ingwer«.
Die Kalmuswurzel ist ein magen- und nervenstärkendes Mittel. Der Tee wirkt beruhigend bei Herzklopfen und reinigt den Körper von Schlacken und Ablagerungen.

Kardamom

Cardamom
Carolamom Ground (gemahlener Kardamom)
Kardamomsamen

Kardamom stammt aus Ceylon und Guatemala. Er wurde schon im Altertum von den Römern und Griechen als Gewürz- und Heilpflanze geschätzt. In Fruchtkapseln sitzen winzige Samenkörnchen, die wir ganz oder gemahlen zum Würzen nehmen. Sie duften aromatisch und schmecken pikant.

Kardamom paßt in Backwaren, Lebkuchen, Gewürzplätzchen, Obstspeisen, in Beizen und Marinaden.

Kardamom ist auch ein Bestandteil des Curry.

Kentjoer

Die Kentjoer-Pflanze stammt aus Ostindien. Ihre Wurzel wird getrocknet und gemahlen. Kentjoer sieht unserem weißen Pfeffer ähnlich, riecht und schmeckt sehr würzig.

Kentjoer gehört hauptsächlich zur indischen Reistafel, paßt aber auch zu Kalb- und Schweinefleisch sowie zu Geflügel und Ragout.

Kerbel

Chervil

Kerbel wuchs zuerst in Südostrußland, kam dann zu uns und wächst sogar auf Wiesen. Auch dieses Kraut kannten schon die Römer. Kerbel ist ein aromatisches, ein bißchen nach Anis schmeckendes Gewürz. Sie können es roh als Würze oder gekocht als Suppenkraut verwenden. Während des Kochens verändert sich der Geschmack.

Kerbel gehört in:

Gemüse: Spinat, Tomaten, Eintopf, Rohkost.
Suppen: Kräuter-, Kartoffel-, Tomaten-, Fisch-.
Salate: Kartoffel-, Tomaten-, grüner.
Fleisch: Rind, Nieren, Lamm, Huhn.
Fisch: Gegrillt und gebraten.
Verschiedenes: Salzkartoffeln, grüne Sauce, Kräutermayonnaise.

Falls Sie Kerbel mitkochen wollen, geben Sie ihn bitte erst vor dem letzten Aufkochen in das Essen.
Seine weiteren guten Eigenschaften: Er ist blutreinigend, harn- und schweißtreibend.

Kerrie Djawa

So nennt sich der javanische Curry (Kerrie = Curry). Sein lieblicher Geschmack weicht von dem des bei uns bekannten Curry ab.
Kerrie Djawa wird wie unser Curry verwendet.
Siehe weiteres unter dem Stichwort »Curry«.

Ketoembar

Ketoembar ist gemahlener indischer Koriander. Würzmöglichkeiten finden Sie unter dem Stichwort »Koriander«.

Knoblauch

Knoblauch
Carlie Powder
Knoblauchpulver
Knoblauchsalz
Garlic
Knoflookpoeder
Garlicpowder

Knoblauch ist ein Zwiebelgewächs und kommt aus Ägypten. Die Knoblauchknolle setzt sich aus mehreren »Zehen« zusammen. Ihr Geruch ist scharf und durchdringend, verliert sich aber beim Kochen und Braten.

Knoblauch gibt es in den verschiedensten Formen: frisch als »Zehe« oder getrocknet als Knoblauchpulver und Knoblauchsalz. Knoblauchpulver erspart das Zubereiten des frischen Knoblauch. 1/8 Teelöffel entspricht einer Knoblauchzehe. Rühren Sie das Pulver in etwas Wasser oder Weißwein an.

Ein Hauch Knoblauch wirkt Wunder. Reiben Sie das Fleisch vor dem Braten mit einer Knoblauchzehe ab, das genügt, um dem Braten eine »pikante Note« zu geben. Oder reiben Sie, bevor Sie den Salat in die Schüssel geben, diese mit einer Zehe aus.

Mit Knoblauch würzt man:

Gemüse: Spinat, Rosenkohl, Karotten, Eintopf.
Suppen: Kartoffel-.
Salate: Fisch-, Fleisch-, Wurst-, Meeresfrüchte-.
Fleisch: Kalb, Schwein, Gulasch, Gehacktes, Hammel, Huhn, Wild.
Verschiedenes: Käse- und Fleischfondue, Bratensauce, pikanter Quark.

Der Knoblauchsaft regt die Leber- und Gallentätigkeit

an, erhöht die Durchblutung und entgiftet gleichzeitig das Blut. Knoblauch soll außerdem den Herzinfarkt verhindern.

Knorr Aromat

Knorr Aromat wird in Pulverform hergestellt aus Glutamat, Gewürzen, Salz, Fett und Kohlehydraten. Es ist gelb, duftet aromatisch, würzt pikant und unterstützt den Eigengeschmack der Speisen.
Knorr Aromat paßt in:

Gemüse: Tomaten, Pilze, Kartoffeln.
Fleisch: Braten-, Grill- und Pfannengerichte
Fisch: (außer paniertem Fleisch oder Fisch) wird erst nach dem Braten und Grillen mit Aromat gewürzt.
Verschiedenes: Salatsaucen und Eierspeisen.

Aromat wird bitter, falls Sie es mitbraten. Es ersetzt Kochsalz und darf nicht für kochsalzfreie Diät genommen werden.

Koriander

Coriander
Coriander Ground
Ketoembar (gemahlener Koriander)

Koriander ist die Frucht eines Doldengewächses, das im Mittelmeergebiet und in Kleinasien beheimatet ist. Ein Gewürz mit einer langen Geschichte, schon die Bibel erwähnt Koriander, auch Wanzendill genannt, ob seines »wanzigen« Geruches. Sobald aber der Koriander reif ist, duftet und schmeckt er lieblich-aromatisch.

Koriander gemahlen oder als Samen paßt in:

Gemüse: Wirsing, Rohkost.
Salate: Weißkraut-, Rotkraut-, Rote-Rüben-, grüner.
Fleisch: Rind, Schwein, Pastete, Wild.
Fisch: Aal.
Verschiedenes: Saucen, Marinaden.

In Bayern wird Koriander oft als Brotgewürz verwendet. Es gehört auch zur Weihnachtsbäckerei: Printen, Lebkuchen, Spekulatius.

Kräuterbuttergewürz

Dies ist eine Mischung verschiedener Gewürze, u. a. Thymian, Estragon, Petersilie, Basilikum, Zwiebel, Knoblauch. Mit dem Kräuterbuttergewürz können Sie Kräuterbutter herstellen: Sie rühren unter geschlagene Butter etwas Kräuterbuttergewürz.

Das Kräuterbuttergewürz geben Sie außerdem zu: Gebratenem und gebackenem Fleisch und Fisch. Geben Sie das Gewürz vor dem Braten auf das Fleisch oder den Fisch.

Kräutermischung

Diese Kräutermischung (Kräutergewürzmischung) gibt es auch (mit Salz vermengt) als Kräuterstreuwürze. Folgende Kräuter sind u. a. enthalten: Petersilie, Majoran, Basilikum, Thymian, Estragon.

Würzen Sie mit der Kräutermischung:

Gemüse, Suppen, Salate, Geflügelfüllungen und Fisch.

Kräutersalz

Herb Seasoning

Herb Seasoning ist ein Kräuterstreugewürz, das den
Eigengeschmack der damit gewürzten Gerichte voll unterstützt. Wenn Sie Kräutersalz verwenden, brauchen Sie
kein Kochsalz mehr zu nehmen.

Geben Sie Kräutersalz in Tomaten, Gemüse (außer
Spargel), in Salatsaucen, Rohkost, Eintopf, Suppen,
Fleisch, Fisch.

Kresse

Bachkresse
Wasserkresse
Gartenkresse
Brunnenkresse

Garten- und Brunnenkresse entstammen einer Pflanzen-
familie.

Brunnenkresse (auch Bach- und Wasserkresse genannt)
wächst wild an Quellen, Bächen und Teichen. Ihre Stengel
liegen im Wasser. Die Blätter riechen und schmecken
scharf, etwas bitter.

Gartenkresse wächst im Garten, riecht und schmeckt
ähnlich wie Brunnenkresse.

Brunnen- und Gartenkresse fein gehackt als Würze für:

Kräutersuppe, Butterbrot, Kräuterbutter, Rohkost,
Tomaten- und grünen Salat.

Im ganzen als Salat oder zum Garnieren.

Kresse ist ein Vitamin-C-Träger, wirkt blutreinigend und magenstärkend.

Kreuzkümmel

Cumin
Cumin-Seed (Kreuzkümmel-Samen)

Kreuzkümmel – auch Cumin genannt – sieht aus wie der uns bekannte Kümmel, duftet und schmeckt aber herber als dieser. Seine Heimat ist Ostasien, Indien und das Mittelmeergebiet.

Probieren Sie Kreuzkümmel in:

Scharf-pikanten, »rassigen« Gerichten, in Gehacktem, Bratkartoffeln und Suppen, oder gemahlen zu Reis.

Cumin ist oft in Mischgewürzen enthalten, z. B. in Curry oder Chilipulver.

Kümmel

Caraway Seed (Kümmelsamen)

Die »Stammpflanze« des Kümmels steht in Nordeuropa. Heute wächst er auch bei uns: teils wild, teils kultiviert. Er riecht würzig und schmeckt ziemlich herb. Daher ist es ratsam, ihn ohne Nebengewürze – außer Pfeffer – zu gebrauchen. Er verträgt sich einfach nicht mit anderen Gewürzen.

Kümmel – auch Kümmi genannt – schmeckt in:

Gemüse: Spinat, Weißkraut, Sauerkraut, Wirsing, Eintopf, Pilze, Rohkost.

Suppen: Kartoffel-, Mehl-, Brot-, Pilz-.
Salate: Weißkraut-, Rote-Rüben-.
Fleisch: Schwein, Stews, Sauerbraten, Gans.
Fisch: Thunfisch, Krebse.
Verschiedenes: Neue Kartoffeln, Brat- und Pellkartoffeln, Kümmelbrot, Kümmelgebäck.

Kümmel ist appetitanregend und verdauungsfördernd.

Kurkuma

Curcuma
Turmeric
Koenjit

Kurkuma ist ein gelbes Pulver, das wie Ingwer aus einem Wurzelstock hergestellt wird. Oft wird Kurkuma auch indischer Safran genannt. Seine Heimat ist Südostasien. Es riecht und schmeckt ähnlich wie Ingwer.

Verwenden Sie Kurkuma für:

Fleischsaucen, Senf- und Salatsauce, für Beizen, zum Pökeln, für Rindfleisch, Fisch und Eierspeisen.

Kurkuma ist appetitanregend.
Worcestersauce und Curry enthalten neben anderen Gewürzen auch Kurkuma.

Kürbisgewürz

Pumpkin Pie Spice

Diese Mischung besteht aus gemahlenem Zimt, Ingwer und gemahlenen Nelken.

Probieren Sie Pumpkin Pie Spice in:

Süßspeisen: Kürbis- und Birnenkompott, Butterkekse.

Kuro-gema

(Sesamsaat, schwarz)

Sesamsaat gibt es weiß und schwarz. Kuro-gema ist schwarz.

Es paßt in:

Süßspeisen oder — mit Salz gemischt — in Pfannen-gerichte.

Die Sesamsaat muß vorher etwas angeröstet werden. Lesen Sie weiteres unter dem Stichwort »Sesamsamen«.

Laos

Galangalpowder
Galgantpulver

Laos ist ein frisch oder getrocknet gemahlener Wurzel-stock mit einem pikant-säuerlichen Duft und scharfem, prickelndem Geschmack. Laos gibt den Gerichten ein angenehmes Aroma und mindert unangenehme Speise-gerüche.

Laos paßt zu:

Kartoffelsuppe, Gulasch, Hammel, Rindsbraten, zu Heringen und Salaten.

Laos gehört zu den einfachen Boemboes — so werden die Gewürze in malaiischen Ländern genannt — und wird zur Zubereitung vieler indischer und indonesischer Gerichte verwendet.

Lavendel

Der in Südeuropa wachsende Lavendelstrauch wird bis zu 1 m hoch. Die blaublühende Pflanze duftet lieblich und schmeckt etwas bitter.

Die zarten Lavendelblättchen sollten Sie frisch als Würze nehmen für:

Fisch, Hammel, Eintopf, Kräutersauce und Fischsuppe.

Lavendel findet im Haushalt und als Hausmittel noch weitere Verwendung. Getrocknete Lavendelzweige, in kleine Säckchen eingenäht, können Sie als Duftkissen und Mottenschutzmittel für den Kleider- und Wäscheschrank verwenden.

Oder legen Sie einmal Lavendelzweige ins Badewasser, besonders bei Gicht und Rheumatismus. Alte Arzneibücher berichten, daß Lavendel außerdem das »Gemüt beruhige«.

Zum Teil wird Lavendel feldmäßig angebaut für die Seifen- und Parfümherstellung.

Mögen Sie einmal

Hammelkoteletts mit Lavendel?

Für 2 Personen brauchen Sie folgende Zutaten:
2 gut abgehangene Hammelkoteletts, Salz, Pfeffer, etwas Butter zum Braten, 2 Blättchen Lavendel, 2 Eßlöffel Weinbrand, 1 Eßlöffel Weißwein, Worcestersauce.

Zubereitung:

Die Koteletts klopfen, an der Breitseite leicht einschneiden, salzen, pfeffern. In einem Eisentopf oder einer Pfanne lassen Sie die Butter braun werden, braten die Koteletts auf beiden Seiten gut an und streuen die zerriebenen Lavendelblättchen auf beide Koteletts. Die Hammelkoteletts garwerden lassen, herausnehmen. Den Topf von der Flamme nehmen. In den Fleischsud gießen Sie 1 Eßlöffel Weißwein und 2 Eßlöffel Weinbrand. Stellen Sie den Topf wieder auf das Feuer und lassen Sie den Sud kurz aufkochen, dazu geben Sie 2 Spritzer Worcestersauce. Jetzt legen Sie die Koteletts wieder in den Topf und lassen sie heiß werden. Dazu können Sie **Kartoffelbrei** und **Tomatensalat** reichen.

Liebstock

Liebstöckl
Lovage
Liebstöcklkraut
Liebstöcklwurzel
Maggikraut

Maggi riecht stark nach Liebstock. Er kommt aus Ligurien. Verwendet wird die ganze Pflanze: Stengel, Blätter und Wurzel.

Stengel und Blätter werden frisch oder getrocknet, geschnitten oder gemahlen in folgende Speisen gegeben:

Gemüse: Spinat, Kohlrabi, Rohkost.
Suppen: Blumenkohl-, Kartoffel-, Frühlings-, Sellerie-.
Salate: Grüner.
Fleisch: Rind, Hammel, Geflügel.
Fisch: Gebacken.
Verschiedenes: Hühner- und Fleischbrühe, Kräuterbutter.

Liebstock ist verdauungsfördernd und magenstärkend und kann auch bei Schonkost und Diät verwendet werden.
Der Absud der Liebstockwurzel ist ein Hausmittel bei Nikotin- und Alkoholvergiftungen.

Löffelkraut

Löffelkresse

Löffelkraut (auch Bitterkresse und Froschlöffel genannt) finden Sie an feuchten, schattigen Orten an der Meeresküste oder kultiviert im Garten. Sie können die Blätter und die Blüten verwenden. Löffelkraut enthält Vitamin C.

Die frischen Löffelkrautblätter nehmen Sie fein gehackt als Würze für:

Tomaten- und grünen Salat, Kartoffel- und Roten-Rüben-Salat, Karotten, Suppe und Bratkartoffeln und geschnitten für Salat.

Löffelkraut verliert nach dem Trocknen sein Aroma. Sie sollten es daher nur frisch verwenden.

Lombok

ist spanischer Pfeffer und besonders scharf. Er wird aus der kleinen asiatischen Pfefferschote hergestellt und ist vitaminreich. Anwendungsmöglichkeiten siehe unter dem Stichwort »Cayenne-Pfeffer«.

Lorbeer

Lorbeerblätter
Bay Leaves
Bay Laurel Leaves
Bay Leaves Cracked

Aus Kleinasien kommt der Lorbeerbaum, der bis zu 7 m hoch werden kann. Bei uns gedeiht er nur in Gewächs-

LORBEER

häusern. Stellen Sie sich vor, er kann mehrere hundert
Jahre alt werden. Der Lorbeerkranz war schon im Alter-
tum das Sinnbild des Ruhmes und des Sieges.
Die Blätter duften und schmecken sehr aromatisch.
Achten Sie darauf, daß Sie duftende, stielfreie und
saubere grüne Lorbeerblätter bekommen.

Mit Lorbeer würzen Sie:

Gemüse: Karotten, Auberginen, Eintopf, Sauerkraut.
Suppen: Kartoffel-, Fisch-, Gemüse-, Tomaten-.
Salate: Fisch-.
Fleisch: Rind, Gulasch, Ragout, Fleischsülze.
Fisch: Hering, mariniert, Krabben, Krebse.
Verschiedenes: Fleischbrühe, Fisch- und Fleischmari-
naden, Wildbeize, Bratensauce.

Verwenden Sie Lorbeer sparsam. Ein halbes, höchstens
ein ganzes Lorbeerblatt genügt pro Gericht.

Löwenzahn

Kettenblume
Maienzahn

Löwenzahn – Pfaffenkraut – Maienzahn – Milchgras-
blume, welcher Name gefällt Ihnen? Erinnern Sie sich an
die gelbblühenden, süßlich duftenden Frühlingswiesen?
Welche Freude kann man einem Kaninchen machen,
wenn man ihm die zarten inneren Blätter des jungen
Löwenzahn gibt.

Die jungen zarten Löwenzahnblätter sind nicht nur für
Kaninchen da: Sie können sie als Salat zubereiten oder
fein gehackt als Würze nehmen für:

**Salate, Frühlingssuppe, Kräutersauce, und auch für
gegrilltes Fleisch.**
Löwenzahn kann von Diabetikern gegessen werden.

Macis

Mazis
Muskatblüte
Mazisblüte

Die Mazis oder Muskatblüte ist die getrocknete rote Hülle der Muskatnuß und stammt aus Indonesien. Ihr Geschmack ist muskatähnlich, aber milder. Mazisblüte bekommen Sie gemahlen zu kaufen.

Die Mazisblüte geben Sie zu:

Gekochtem Fisch, zu Kartoffel- und Fleischsuppe, Fleischbrühe, Kartoffelbrei und Gemüse, in Torten, Lebkuchen und auch ins Weihnachtsgebäck.

Weitere Würzmöglichkeiten finden Sie unter dem Stichwort »Muskat«.
Bitte, bewahren Sie Mazis gut verschlossen auf.

Majoran

Wurstkraut
Marjoram

Das Ursprungsland des Majoran ist Nordafrika. Heute wächst er in unseren Gärten. Die Blätter riechen und schmecken aromatisch.

Majoran gibt es gerebelt und gemahlen zu kaufen. Er verträgt sich kaum mit anderen Gewürzen in folgenden Speisen:

Suppen: Kartoffel-, Bohnen-, Eintopf.
Salate: Erbsen-, Kartoffel-.
Fleisch: Schwein, Gehacktes, Leber, Nieren, Lamm, Gans, Geflügelragout.

Verschiedenes: Kräuterbutter, Kräutermayonnaise, Käsespeisen, Fischsauce, Kartoffelpuffer, Kartoffelklöße (Kartoffelknödel).

Majoran enthält ätherisches Öl. Er ist krampfstillend, magen- und nervenstärkend. Wallenstein soll durch Majoran vom Schnupfen befreit worden sein. Majoran regt die Blutzirkulation an, darum sollten ihn Menschen mit hohem Blutdruck meiden.

Mandeln

Bittermandeln

Mandeln sind die Früchte des Mandelbaumes. Es gibt süße und bittere Mandeln (Früchte des Bittermandelbaumes), die sich äußerlich nicht voneinander unterscheiden.
Gehackte und gemahlene, süße oder bittere Mandeln nehmen Sie für:

Gebäck, Marzipan, Mandelmilch, Fleischfüllungen.

Bittermandeln sollten nie roh gegessen werden. Sie enthalten Blausäure. Nach dem Backen sind sie ungefährlich.

Meat Tenderizer

Meat Tenderizer Unseasoned (Fleischweichmacher)

macht zähes Fleisch mürbe.

Sie streuen Meat Tenderizer anstelle von Kochsalz über:

Fleisch: Rind, Kalb, Schwein, Hammel, und zwar **nach** dem Anbraten.

Meerrettich

Kren
Krien
Meerrettichpulver
Horseradish (Meerrettichpulver)

Rachenputzer, Bauernsenf – Meerrettich ist ein scharf-
würziges Wurzelgemüse, das bei uns angebaut wird. Aus
der Meerrettichwurzel wird das Meerrettichpulver
gewonnen.
Der zuerst süßliche Geschmack des Meerrettichs wird
beißend scharf. Die Wurzel wird frisch gerieben zu den
Speisen gegeben. Dabei unterscheiden sich 2 Arten Meerrettich: der süßliche Meerrettich, der weiß und glatt ist,
und der bläuliche mit einer rauhen Schale, der sehr scharf
ist.

Verwenden Sie den rohen geriebenen oder geraspelten
Meerrettich (in Tuben oder Gläsern, falls es keine frischen Wurzeln gibt) sowie den Sahnemeerrettich sparsam für:

Suppen: Fisch-.
Salate: Fleisch-, Fisch-, Gurken-, Rote-Rüben-, Roh-
kost-.
Fleisch: Rind (gebraten und gekocht), Gans.
Fisch: Gekocht, Aal, Karpfen, Schleie.
Verschiedenes: Mayonnaise.

Meerrettichpulver, mit etwas Wasser verrührt, können Sie
wie frischen Meerrettich verwenden.
Der Meerrettich sollte eine helle Farbe haben und holz-
frei sein. Das Kochen mildert seine Schärfe.
Bei Nervenentzündungen, Neuralgien, Ischias oder Ma-
genschmerzen können Sie Meerrettich-Umschläge auf-
legen.

Hier noch ein besonders leckeres Rezept:

Frischer Meerrettich

Sie reiben zuerst einen säuerlichen Apfel, träufeln
Zitrone darüber sowie jeweils eine Prise Salz und
Zucker. Über den Apfel raspeln Sie ein kleines
Stück Meerrettichwurzel.

Damit das Gemisch nicht zu scharf wird, verrühren
Sie immer wieder eine Menge Apfel und Meerrettich und schmecken ab. Falls Sie den Meerrettich-
Apfel recht scharf haben wollen, erhöhen Sie einfach die Menge des Meerrettichs. Je milder Sie den
Meerrettich haben wollen, desto mehr Apfel zerreiben Sie.

Die gut verrührte Mischung lassen Sie kurz im Eisschrank ziehen und geben sie zu **gekochtem Rindfleisch, Steaks, Wild und heißen Würstchen.**

Mei Yen Seasoning Powder

Monosodium Glutamat

Mei Yen Seasoning Powder ist ein Monosodium Glutamat. Bitte, lesen Sie näheres darüber unter dem Stichwort »Monosodium Glutamat« und »Glutamat«.

Melisse

Zitronenmelisse
Zitronenkraut

Melisse hat neben vielen anderen »lieblichen« Namen
auch noch den Namen »Bienenkraut«. Die Pflanze, die

auch schon die Griechen und Römer kannten, wuchs zuerst im Orient.

Die Melissenblätter duften beim Zerreiben nach Zitrone, sie schmecken würzig. Daß der Melissengeist aus getrockneten Melissenblättern hergestellt wird, wußten Sie?

Die Melisse, die in unseren Gärten wächst, sollten Sie aufgrund ihres durchdringenden Aromas sehr vorsichtig verwenden, sie verträgt sich aber mit anderen Gewürzen.

Die jungen Melissenblätter, frisch oder getrocknet, gehören in:

Gemüse: Karotten, Erbsen, grüne Bohnen, Sellerie, Pilze.
Salate: Wurst-, Fleisch-, grüner, Gurken-, Kartoffel-, Fisch-.
Fleisch: Kalb, Schwein, Wild.
Fisch: Blaufelchen, Karpfen.
Verschiedenes: Obstsuppen, Saucen, Mayonnaise, Milch- und Eierspeisen.

Bewahren Sie das Gewürz luft- und lichtundurchlässig auf, damit es sein Aroma recht lange behält.

Melissentee ist ein herzstärkendes und krampflinderndes Hausmittel, das bei Schlaflosigkeit, Magenkrämpfen, Verdauungsstörungen und Migräne gegeben werden kann.

Monosodium Glutamat

Monosodium Glutamat ist ein Würzmittel, hergestellt aus dem Getreidekorn, das die Geschmacksnerven anregt. Es ist fast geschmacklos und betont den Eigengeschmack der Speisen, ohne ihn zu übertönen.

Monosodium Glutamat paßt zu allen pikanten Speisen, so zu Gemüse, Eintopf und Suppen.

Siehe weiteres auch unter der Bezeichnung »Glutamat«.

Muskatnuß

Mace
Nutmeg
Nutmeg Ground (Muskatnuß gemahlen)

Die Muskatnuß ist die Frucht des Muskatnußbaumes
(der bis zu 18 m hoch und etwa 100 Jahre alt werden
kann) und kommt aus Brasilien, Sansibar, Indonesien
und Java.
Die kleinen Nüsse (Samenkerne) werden von einem
Samenmantel umgeben, den man Mazisblüte nennt.
Lesen Sie näheres darüber unter dem Stichwort »Macis«.
Die Muskatnüsse werden gekalkt, um sie vor Insekten
und weiterem Keimen zu schützen.

Eine kleine Menge geriebener Muskatnuß (auch als
Muskatnußpulver) geben Sie in:

Gemüse: Weiße Bohnen, Blumenkohl, Erbsen, Pilze,
Spinat, Rosenkohl, Wirsing, Kohlrabi.
Suppen: Tomaten-, Bohnen-.
Salate: Spargel-, Erbsen-.
Fleisch: Rind, Geflügel, Pastete, Ragout.
Fisch: Gebacken.
Verschiedenes: Kartoffelbrei, Käseauflauf, Gebäck,
Fleischbrühe.

Muskatnuß sollten Sie immer frisch auf einem kleinen
Reibeisen in das Essen raspeln.

Orange

Apfelsine
Orange Peel (Orangenschale)

Apfelsine – Sina-Apfel – China-Apfel.
Seit Jahrtausenden wird in Süd- und Ostasien der Oran-
genbaum angepflanzt, er kann bis zu 12 m hoch werden.

MUSKATNUSS BLÜHENDER ZWEIG

Als Gewürz nehmen Sie die frische oder getrocknete Schale der Orange, die aromatisch duftet und schmeckt. Auch den Saft können Sie zum Würzen verwenden.
Getrocknete Orangenschale (Orange Peel) wird aus der frischen Schale hergestellt. Die weiße Innenschale muß sehr sorgfältig abgeschält werden.

Orangenschale wird getrocknet und gemahlen zu folgenden Speisen gegeben:

Gemüse: Karotten.
Süßspeisen: Gebäck, Auflauf, Pudding.
Fleisch: Ente, Gans.

Erkundigen Sie sich beim Kauf von Orangen genau, ob die Früchte mit Diphenyllösung überzogen wurden. Die Schalen solcher Früchte sind (auch nach dem Waschen) ungenießbar.

Oregano

Origano
Oreganoblätter
Dost

Oregano – auch wilder Majoran genannt – kommt aus Italien und Mexiko. In der Würzwirkung ist Oregano ähnlich wie Majoran oder Thymian.

Mit gerebeltem oder pulverisiertem Oregano (Dost) würzen Sie:

Gemüse: Tomaten, Bohnen.
Suppen: Tomaten-, Bohnen-.
Fleisch: Schwein, Gulasch, Füllungen.
Fisch: Seefische.

PAPRIKA

Verschiedenes: Pizza Napoli, Fleischbrühe, Salatsaucen.

Oregano ist nervenstärkend und krampflösend.

Paprika

Rosenpaprika
Sweet Bell Peppers (Paprikaschoten gehackt, grün und rot)

Über Paprika – ein Nationalgewürz der Italiener und
Ungarn – gibt es soviel zu berichten, daß ich gar nicht
weiß, wo ich anfangen soll. Zuerst zu den Schärfegraden. Paprika ist ein »scharfes« Gewürz, das es in
5 Schärfegraden gibt, nämlich mild, fast süß, edelsüß
(Edelsüßpaprika), scharf und ganz scharf (Rosenpaprika).
Der scharfe Geschmack des Paprika wird durch das Capsaicin verursacht. Im »superscharfen« Rosenpaprika
bleibt aufgrund der Verarbeitung der ganzen Frucht das
Capsaicin völlig erhalten.
Paprika ist ein sogenanntes Nachtschattengewächs, das
in südlichen Gegenden Europas als Gemüse und Gewürz
angebaut wird. Es kam aus Südamerika, breitete sich
nach Spanien aus und wanderte später weiter nach Italien
und Südeuropa. Die Paprikafrucht (Paprikaschote), eine
»milde« Verwandte des roten Pfeffers (Cayenne-Pfeffers)
ist reich an Vitamin C und hat die verschiedensten Farben: rot, gelb und grün. Die verschiedenen Farben sagen
nichts über die Schärfegrade aus. Jeder Schotentyp hat
mitunter scharfe und milde Früchte. Lediglich die grünen
Schoten sind etwas milder als die gelben und roten.
Paprika bietet viele Verwendungsmöglichkeiten: gefüllt
oder geschnitten als Gemüse und Salat oder als Garnierung für die verschiedensten Speisen, getrocknet und

gemahlen als Paprikapulver. Das Paprikagewürz wird aus der länglichen roten Schote hergestellt.

Würzen Sie mit Paprika vorsichtig, dann können Sie auch den scharfen Rosenpaprika nehmen für:

Gemüse: Weiße Bohnen, Linsen, Tomaten, Rosenkohl, Sauerkraut, Gurken, Rohkost, Schwarzwurzeln, Porree.
Suppen: Kartoffel-, Tomaten-, Bohnen-, Creme-, Geflügel-.
Salate: Kartoffel-, Weißkraut-, Tomaten-, Fisch-.
Fleisch: Schwein, Rind, Kalb, Gehacktes, Hammel, Leber, Nieren, Gulasch (am besten mit Rosenpaprika), Wild, Ente, Huhn (Paprikahuhn), Geflügelragout.
Fisch: Karpfen.
Verschiedenes: Hühner- und Fleischbrühe, Paprikaspeck, Eier- und Käsespeisen.

Sie können Paprika anstelle von Pfeffer verwenden.
Achten Sie bitte darauf, daß Paprika nie in siedendes Fett kommt, er wird sonst schwarz und ungenießbar, da der im Paprika enthaltene Zucker karamelisiert.

Pastetengewürz

Das Pastetengewürz ist eine vielseitige, kräftige Gewürzmischung, die hauptsächlich aus weißem Pfeffer, Zimt, Ingwer, Lorbeerblättern und Muskatblüte besteht.

Das Pastetengewürz nehmen Sie für:

Pasteten, Rouladen und Fleischklößchen, Frikadellen, für Gemüse und Gemüsesäfte.

Sie können das Pastetengewürz anstelle von Salz nehmen. Es eignet sich auch zum Würzen salzloser Diätspeisen.

Persillade

Mit Persillade haben Sie eine Mischung von Petersilienflocken und etwas getrocknetem Knoblauch. Mit Persillade würzen oder garnieren Sie:

Saucen, Suppen, Salate und Gemüse.

Petersilie

Parsley
Petersilienflocken
Parsley Flakes

Es gibt Blattpetersilie (mit glatten oder krausen Blättern)
zum Würzen und Garnieren, und Wurzelpetersilie, die
als Bestandteil des Suppengrüns mitgekocht wird.

Mit frischer oder getrockneter Blattpetersilie (auch
Schnittpetersilie genannt) würzen Sie kurz vor dem Anrichten:

Gemüse: Karotten, Tomaten, Bohnen, Gurken, Roh-
kost.
Suppen: Blumenkohl-, Kartoffel-, Bohnen-, Fisch-,
Eintopf.
Salate: Wurst-, Fleisch-, Gurken-, Kartoffel-, Toma-
ten-, Fisch-, Karotten-.
Fleisch: Rind, Hammel, Gehacktes, Gans, Huhn.
Fisch: Karpfen.
Verschiedenes: Hühner- und Fleischbrühe, Salz-,
Pell- und Bratkartoffeln.

Die Petersilie verliert beim Kochen ihr Aroma.
Für den Winter können Sie Petersilie fein hacken und mit

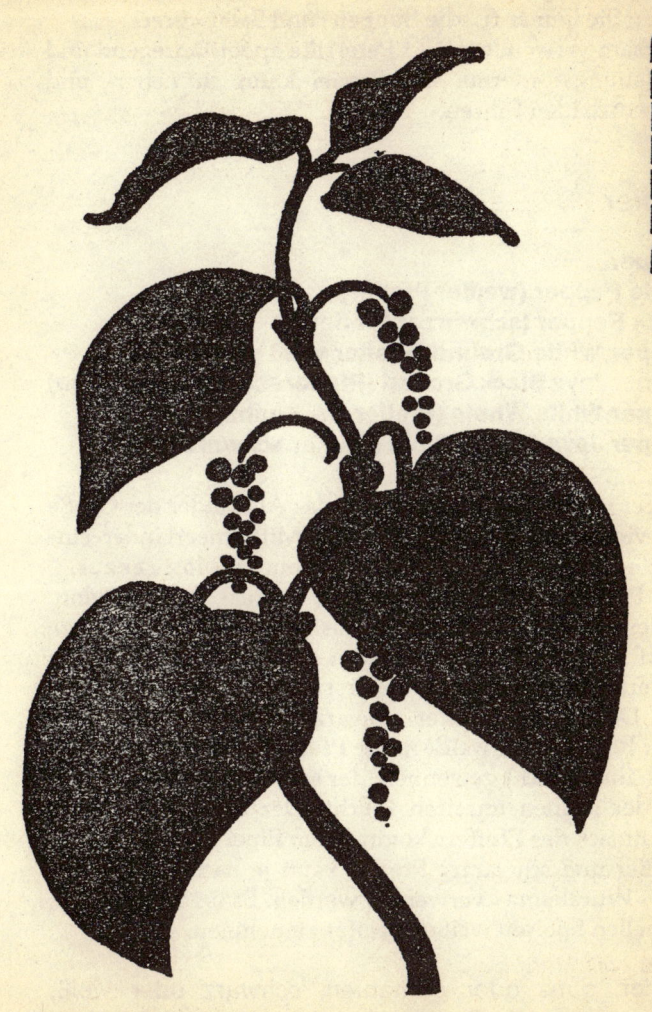

PFEFFER

Salz vermengt luftdicht in einem Glas aufbewahren. So
haben Sie immer frische Suppen- und Salatwürze.
Sparsam verwendet wirkt Petersilie appetitanregend und
verdauungsfördernd. Ein Zuviel kann zu Leber- und
Nierenschäden führen.

Pfeffer

Pepper
White Pepper (weißer Pfeffer)
Black Pepper (schwarzer Pfeffer)
Pepper White Ground (Pfeffer weiß gemahlen)
Pepper Java Black Ground (Pfeffer schwarz gemahlen)
Pepper White Whole (Pfeffer weiß ganz)
Pepper Java Black Whole (Pfeffer schwarz ganz)

Pfeffer ist ein Universalgewürz, das Alexander der Große
wie viele andere Gewürze in die Mittelmeerländer ein-
führte. Sogar Kriege um Handelsmonopole löste er aus.
Der Pfeffer wächst auf Sumatra, Borneo, Java, Ceylon,
an der Malabarküste und in Brasilien. Die Pfefferpflanze
rankt sich an Stangen hoch. An einer Blütenähre bilden
sich erbsengroße Beeren, die erst grün und dann rot werden. Der weiße und der schwarze Pfeffer kommen von
einer Pflanze. Der **weiße milde Pfeffer** wird aus der reifen
geschälten Frucht gewonnen, der **schwarze scharfe Pfeffer**
aus der grünen unreifen Frucht. Der brennend scharfe
Geschmack des Pfeffers kommt vom Piperingehalt.
Weißer und schwarzer Pfeffer kann je nach Gutdünken
und »Würzlaune« verwendet werden. Es ist aber ratsam,
bei hellen Speisen weißen Pfeffer zu nehmen.

Pfeffer, ganz oder gemahlen, schwarz oder weiß,
kann man nach Belieben an alle Gerichte geben,
außer an Süßspeisen.

Pfeffer würzt nicht nur aromatisch, er ist auch verdauungsfördernd. Für die Diätküche ist er ungeeignet. Pfeffer ist am aromatischsten, wenn Sie jeweils die gewünschte Menge mit der Pfeffermühle mahlen.

Pfefferminze

Minze
Minzflocken
Mint Flakes
Spearmint (grüne Minze)
Grüne Minze

Pfefferminze wächst im Garten. Mönche brachten sie von China und Japan nach Europa. Das Kraut duftet und schmeckt scharf aromatisch. Es gibt grüne Minze und krause Minze.

Mit frischer oder getrockneter Pfefferminze (oft genügt ein Blättchen) würzen Sie:

Gemüse: Erbsen, Karotten, Artischocken, Rohkost.
Salate: Obst-, Gemüse-.
Fleisch: Pastete, Hammel.
Verschiedenes: Kräuterbutter, Mint-Sauce (eine Spezialität der englischen Küche).

Pfefferminze wird nicht nur in der Küche verwendet, sie spielt auch bei der Herstellung von Bonbons, Likör, Zahnpasta und Mundwasser eine Rolle.
Pfefferminztee wird bei Krämpfen, Blähungen und Übelkeit gegeben. Zu große Mengen davon führen auf die Dauer allerdings zu Herzschädigungen.
Der Hauptbestandteil der Pfefferminze ist Menthol.

Pfefferschoten

Peperoni

Es gibt viele Arten von Peperoni, die nur im warmen Klima gedeihen.

Dieses rassige Gewürz gehört in:

Gemüse: Eintopf.
Suppen: Minestrone und andere Gemüsesuppen.
Fleisch: Stew, Huhn, Füllungen.
Verschiedenes: Pizza Napoli, Teigwaren, »feurige« Saucen.

Grüne und rote Pfefferschoten – Peperoni – werden in Essig eingelegt und als Garnierung und pikante Beigabe zu Butterbroten und Salaten gereicht.

Piment

Allspice
Allspice Ground (Nelkenpfeffer gemahlen)
Pimentpfeffer
Nelkenpfeffer

Der immergrüne Pimentbaum wird bis zu 10 m hoch und steht in Westindien, auf Jamaika und in Mittelamerika. Piment wird wegen seines nelkenähnlichen Geruches und Geschmacks auch Nelkenpfeffer genannt. Aus den beerenartigen unreifen Früchten wird der Pimentpfeffer (oder Nelkenpfeffer) hergestellt. Er vereinigt in sich den Duft und Geschmack von Gewürznelken, Muskat und Zimt.

Ganze Pimentkörner geben Sie in: Beizen, Saucen und Marinaden.

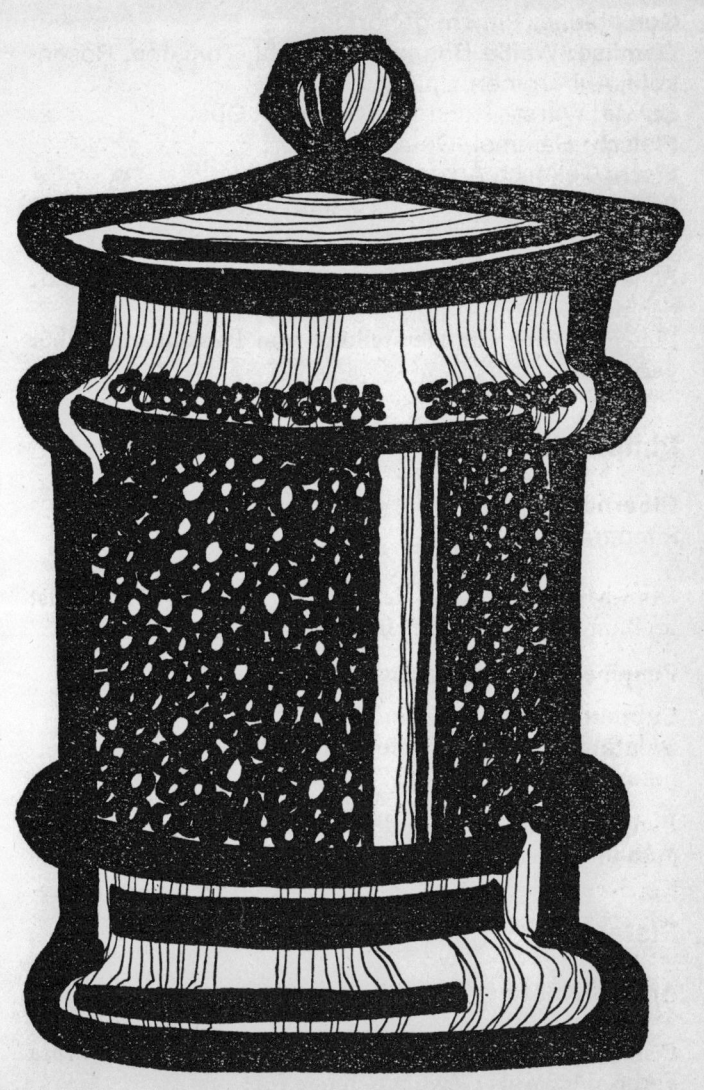

Gemahlener Piment gehört in:
Gemüse: Weiße Bohnen, Kohlrabi, Tomaten, Rosen-kohl, Auberginen, Spinat.
Salate: Wurst-, Rotkraut-, Spargel-, Obst-.
Fleisch: Hammel, Gehacktes.
Fisch: Gekocht, Austern.
Süßspeisen: Gebäck, Torten, Pudding, gekochte Früchte.

Piment können Sie als Pfefferersatz für die Diätküche nehmen:
Pimentöl wird zur Herstellung von Parfüm und Likör verwendet.

Pimpinelle

Bibernelle
Pimpernell

Vom Mittelmeer kam die Pimpinelle zu uns. Sie wächst im Blumentopf und auch im Garten.

Pimpinelleblätter nehmen Sie für:

Suppen: Kartoffel-, Gemüse-.
Salate: Gurken-, Kartoffel-, Tomaten-.
Fisch: Blaufelchen, Aal.

Pimpinelle verliert nach dem Trocknen das Aroma. Siehe auch unter dem Stichwort »Bibernelle«.

Pistazien

Aleppo-Nüsse

Pistazien sind exotische Nüsse von hellgrüner bis rosa Farbe, die Sie als Gewürz nehmen für:

Fleischfüllungen, Suppen, Wurst (Mortadella), als Verzierung und Gewürz für Gebäck.

Außerdem gibt es Pistazien gesalzen und geröstet zum Knabbern bei Wein und Bier.
Kennen Sie Pistazienschokolade?

Pökelgewürz

Pickling Spice

Pickling Spice ist eine Mischung verschiedener ungemahlener Gewürze von aromatischem Geschmack.

Pickling Spice eignet sich zum Pökeln, Einsalzen und Würzen von: Sauerkraut, Suppenfleisch, Sauerbraten, Wildbeizen.

Pomeranze

Orangeat

Aus der Pomeranze oder Bitterorange, d. h. aus der Schale dieser Frucht, wird das Orangeat hergestellt, das süß-bitter schmeckt. Pomeranzenbäume wachsen in Westindien, Ostafrika und im Mittelmeerraum, teils wild, teils kultiviert.

Kandierte Pomeranzenschale oder Orangeat – gehackt – paßt zu:

Süßspeisen und Gebäck, wie Früchtekuchen, der mit Orangeat auch noch garniert werden kann. Pomeranzenschale sollten Sie auch im Weihnachtsstollen nicht vergessen.

Porree

Lauch

Er wird auch gemeiner Lauch und Welschzwiebel genannt. »Geburtsstätte« des Porree ist Südeuropa. Lauchgemüse schätzten schon die Ägypter und Griechen.

Mit rohem Porree würzen Sie:

Gemüse: Eintopf, Rohkost.
Salate: Kartoffel-, Erbsen-, Fleisch-, Wurst-.
Fleisch: Rind.
Verschiedenes: Hühner- und Fleischbrühe.

Sie können Porree auch dünsten und als Gemüse oder Salat zubereiten.

Portulak

Portulak, auch Purzelkraut und Kreusel genannt, kommt aus Vorderasien. Dort wächst er wild. Bei uns gedeiht er nur im Garten.
Die fleischigen Blätter des Portulak können Sie als Salat oder Spinat zubereiten.

Mit feingehackten Portulakblättchen würzen Sie grünen Salat, Gemüsesuppen, Kräuter- und Tomatensaucen.

Quendel

Quendel heißt auch manchmal Feldthymian oder wilder Thymian. Den immergrünen Quendelstrauch gibt es bei uns an Wegrändern und auf Wiesen. Die Blätter riechen aromatisch (ein bißchen nach Zitrone) und schmecken leicht bitter.

Quendel kann wie Thymian verwendet werden, würzt jedoch nicht so intensiv wie dieser, und zwar in:

Gemüse: Tomaten, Eintopf, Rohkost.
Salate: Kartoffel-, Sellerie-, Tomaten-.
Fleisch: Schwein, Rind, Hammel, Huhn, Ente, Gans.

Quendel ist magenstärkend.

Rosmarin

Rosmarinblätter
Rosemary
Rosemary Leaves
Rosemary Seasoning Powder

Rosmarin – auch Meertau genannt –, ob frisch, getrocknet, geschnitten oder als Pulver, hat viele Verwendungsmöglichkeiten. Die immergrüne Pflanze stammt vom Mittelmeergebiet. Sie duftet würzig und hat ein mildes Würzaroma. Rosmarin diente den Griechen als Weihrauchpflanze, wurde von Mönchen über die Alpen zu uns gebracht und ist heute in der französischen, italienischen und spanischen Küche zu Hause.

Mit Rosmarin können Sie würzen:

Gemüse: Weißkraut, Tomaten, Auberginen, Zucchetti, Pilze.
Suppen: Tomaten-, Fisch-, Pilz-, Ochsenschwanz-.
Salate: Sellerie-, Krabben-, Italienischer.
Fleisch: Schwein, Rind, Kalb, Hammel, Gehacktes, Leber, Nieren, Huhn, Wild.
Fisch: Gekocht.

Verschiedenes: Salz- und Bratkartoffeln, Fleischbrühe, Eierspeisen.

Ein frischer oder getrockneter Rosmarinzweig im Badewasser erfrischt und duftet.
Über Rosmarin-Essig berichte ich unter dem Stichwort
»Rosmarin-Essig«.
Rosmarin wirkt nervenberuhigend, harntreibend und
lindert Koliken. Rosmarintee hilft bei Bleichsucht, Ver-
dauungsbeschwerden, Leberstauungen und Erschöpfungs-
zuständen nach geistiger Überanstrengung.

Safran

Spanischer Saffron Powder

Safran – auch Saffrich genannt – kommt aus dem Mor-
genland ... Er riecht kräftig und schmeckt würzig-bitter.
Er wird weder aus Früchten noch aus Blüten gewonnen,
sondern aus Blütennarben einer lila Krokuspflanze, ge-
nauer gesagt, aus den braunroten Fäden einer asiatischen
Krokuspflanze.
Schon im 10. Jahrhundert wurde der Safran von den
Arabern nach Spanien gebracht. Er wird als das teuerste
Gewürz der Welt bezeichnet.

Safran verleiht den Speisen ein appetitliches, gelbbräun-
liches Aussehen:

Suppen: Blumenkohl-, Fisch-, Bouillabaisse.
Salate: Spargel-.
Fleisch: Hammel, Lamm, Ragout.

Er eignet sich besonders für spanische und italienische
Gerichte. Geben Sie Safran auch in Kuchen und Kekse.

Lösen Sie Safran in Weißwein auf, und geben Sie ihn so vermengt zu den einzelnen Speisen.

Beachten Sie bitte, daß Safran lichtempfindlich ist und leicht sein Aroma verliert.

Kräuterbücher erzählen: »Der Safran in den Speisen bekommt wohl dem Magen, fördert die Verdauung und stärket alle innerlichen Teile, doch soll man ihn mit Mäßigkeit genießen.«

Salbei

Salbeiblätter
Sage

Salbei – auch Muskatellerkraut genannt – wurde zuerst in Südeuropa und Vorderasien gefunden. Langsam breitete er sich über Mitteleuropa bis nach Nordamerika aus. Die »Alten« kannten ihn schon als Würz- und Arzneipflanze.

Der Salbeistrauch wird bis zu 20 cm hoch. Die kleinen grünen Blätter sind mit einem leichten weißen Filz überzogen. Sie riechen und schmecken herb-würzig. Salbei verträgt sich gut mit Rosmarin.

Salbeiblätter, gehackt oder gerebbelt, passen in:

Gemüse: Bohnen, Rohkost, Rosenkohl, Tomaten.
Salate: Grüner.
Fleisch: Schwein, Kalb, Hammel, Leber, Schaschlik, Gans, Ente, Huhn, Wild, Pastete.
Fisch: Gekocht und gebacken, Aal, Hecht, Schleie, marinierter Hering.
Verschiedenes: Käseauflauf, Teigwaren, Reis.

Trockene Salbeiblätter sind aromatischer als frische.
Salbei regt Leber und Nieren an. Salbeitee sollte aufgrund

seiner vielen guten Eigenschaften nicht in der Hausapo-
theke fehlen. Er wirkt entzündungshemmend, z. B. bei
Halsentzündung. Er hilft bei Durchfall und Magenverschleimung, aber auch bei Appetitlosigkeit.

Sauerampfer

Der Sauerampfer wächst überall in Mitteleuropa auf
Wiesen, an Böschungen und Feldrändern. Seine Blätter
können Sie nur frisch verwenden. Sie schmecken bitter,
würzig-sauer, eben wie Sauerampfer.

Als Würze nehmen Sie die frischen, feingehackten Blätter für:

Gemüse: Rohkost.
Suppen: Kartoffel-, Fisch-.
Salate: Grüner-, Endivien-.
Verschiedenes: Kräutersauce, pikanter Quark.

Sauerampfer läßt sich auch als Salat oder Spinat zubereiten.
Er ist blutreinigend und appetitanregend.

Schnittlauch

Schnittlauch – auch Binsenlauch genannt – gibt es in
Asien und ganz Europa. Er wächst an Flußufern und Teichen. Der Schnittlauch schmeckt zwiebelig-scharf. Sein
eigenwilliger Geschmack »überschmeckt« leicht andere
Gewürze.

Schnittlauch kann nur roh verwendet werden, und zwar
fein gehackt für:

Suppen: Kartoffel-, Erbsen-, Bohnen-, Fisch-.

Salate: Gurken-, grüner, Kartoffel-, Fisch-, Gemüse-, Wurst-, Fleisch-, Rohkost-.
Fleisch: Rind.
Verschiedenes: Schnittlauchbutter, Schnittlauchquark, Hühner- und Fleischbrühe, grüne Sauce, Salz-, Pell- und Bratkartoffeln.

Schnittlauch hat einen hohen Vitamingehalt, ist verdauungsfördernd und magenstärkend.

Sellerie

Sellerieflocken
Selleriesamen
Selleriesalz
Celery-Salt

Der Sellerie (auch Eppich und Geilwurz genannt) wächst in Westasien, Nord- und Südafrika, Südamerika und Europa. Er duftet aromatisch und schmeckt süßlich-herb. Wildwachsender Sellerie ist ungenießbar.
Kultiviert gibt es den **Stangen- und Bleichsellerie,** der kleine Knollen hat und langstielige Blätter, sowie den **Schnitt- oder Salatsellerie** mit großen Knollen und krausen Blättern. Die Blätter und Knollen beider Arten werden als Suppenwürze verwendet.
Die Knollen des Schnittsellerie werden frisch als Salat (mit Roquefortsauce) zubereitet oder getrocknet zu Sellerieflocken verarbeitet.

Mit frischen, geschnittenen Sellerieblättern, mit frischem Sellerie, mit Sellerieflocken, oder Selleriesamen würzen Sie:

Gemüse: Rohkost.
Suppen: Kartoffel-, Eintopf.

Salate: Wurst-, Fleisch-, grüner, Kartoffel-, Rote-
Rüben-.
Fleisch: Rind, Gulasch, Ragout, Huhn.
Fisch: Gekocht, Meeresfrüchte.
Verschiedenes: Hühner- und Fleischbrühe, Wildbeize,
Mayonnaise, Eierspeisen, Bratensauce.

Selleriesalz (ein Gemisch von gemahlener Selleriesaat
und Salz) eignet sich für gegrilltes Fleisch anstelle von
Kochsalz und für Diätspeisen.
Sellerie ist blutreinigend und nervenstärkend.

Senf

Mustard
Senfsamen, Senfsaat
Senfpulver
Mustard Hol (Senfpulver scharf)
Mayonnaise Mustard mild (Senfpulver mild)

Die Senfpflanze wurde zuerst in Asien gefunden und
später in ganz Europa angebaut.
Der schwarze Senf (sehr scharf) wächst an Flußufern und
in Gärten und hat schwarze Samenkörner. Der sogenannte weiße Senf wächst wild inmitten des Getreides,
aber auch im Garten. Die Samen sind gelb und schmecken
würzig-scharf.
Die Früchte der Senfpflanze (Senfsamen, Senfsaat genannt) werden gemahlen als Würze genommen oder zu
Speisesenf verarbeitet.

Mit Senfpulver oder Speisesenf würzen Sie:

Gemüse: Weiße Bohnen, Rosenkohl.
Suppen: Bohnen-, Zwiebel-.
Salate: Grüner, Gurken-, Karotten-, Tomaten-, Sel-
lerie-, Rote-Rüben-, Rohkost-, Eier-.

Fleisch: Rind, Schwein, Füllungen, Rouladen, Nieren, Wild.

Fisch: Aal.

Verschiedenes: Senfsauce, Mayonnaise.

Ganze Senfkörner (Senfsamen, Senfsaat) werden zum Beizen und Pökeln genommen, zum Einlegen von Gurken, Bohnen und Sauerkraut sowie für Mixed Pickles.

Aus den Blättern der Senfpflanze können Sie einen pikanten Salat oder Gemüse herstellen.

Der **Speisesenf** ist ähnlich wie Curry ein Gemisch verschiedener Gewürze: u. a. Zucker, Pfeffer, Muskat, Meerrettich, Essig oder Traubenmost und natürlich Senfpulver. Die verschiedenen Schärfegrade des Speisesenfs haben Sie sicher auch schon zu »spüren« bekommen. Es gibt weißen, gelben, schwarzen, braunen, grünen, englischen, holländischen und französischen Senf. Dann gibt es den süßen Senf, der in Bayern zur Weißwurst gegessen wird, und den scharfen Düsseldorfer Mostert, der zu Wurst und gekochtem Fleisch serviert wird.

In früheren Zeiten fabrizierte der sehr geachtete französische Senfmacher bis zu 94 Senfarten wie: Estragon-, Zitronen-, Trüffel-, Vanille- und Champagnersenf.

Senf ist nicht nur wohlschmeckend und pikant, sondern auch verdauungsfördernd.

Hier gebe ich Ihnen ein Rezept für

Senfsauce zu gekochtem Fisch, gekochten Eiern, zu Rindfleisch, neuen Kartoffeln und gedünsteten Gurken:

Für zwei Personen lassen Sie in einem Topf 2 Eßlöffel Butter heiß werden, geben eine kleingeschnittene Zwiebel dazu, lassen sie hellbraun werden und geben 1 gestrichenen Eßlöffel Mehl dazu, rühren alles glatt.

Dazu geben Sie langsam 1 Tasse Fleischbrühe, die
Sie auch aus einem Brühwürfel zubereiten können,
verrühren alles, lassen die Sauce auf kleiner Flamme
aufkochen. Falls die Sauce zu dick ist, verdünnen
Sie sie mit Fleischbrühe. Danach salzen und pfeffern Sie die Sauce und rühren 1–2 Eßlöffel süßen
oder pikanten Senf dazu. Auf kleiner Flamme lassen Sie die Senfsauce ziehen.

Serehpulver

Serehpulver ist gemahlenes Zitronengras (eine indische
Grasart) und schmeckt auch nach Zitronen beziehungsweise nach Melisse. Das Serehpulver wird in der asiatischen Küche (zur indonesischen Reistafel) als Gewürz
verwendet.
Weitere Verwendungsmöglichkeiten – außer zur Reistafel – finden Sie unter dem Stichwort »Melisse«.

Seroendeng

Seroendeng sind Kokosflocken und gehackte Erdnüsse,
vermischt mit Salz, Zucker und Gewürzen. Es wird zur
indischen Reistafel gegeben.

Versuchen Sie Seroendeng außerdem zu:

Eintopf, Saucen zu Rinds- und Schweinebraten und
in Reisgerichten.

Sesamsamen

Sesamsamen ist eines der ältesten Gewürze der Welt. Es
kommt aus Indien, China, Sudan und Mexiko.

Sesam ersetzt Nüsse und Mandeln und gehört – geröstet – in:

Gemüse: Spinat, Spargel.
Süßspeisen: Kuchen, Gebäck.
Fleisch: Rind, Schwein, Pastete, Füllungen, Geflügel.

Siehe auch unter dem Stichwort »Kuro-gema«.

Smoked Salt Old Hickory

Rauchsalz

Dieses Rauchsalz besteht aus Meersalz, das im Räucherfeuer (von Hickoryhölzern) das Raucharoma in sich aufgenommen hat.
Falls Sie also keinen Garten- oder Holzkohlengrill besitzen, können Sie trotzdem mit »Rauch« würzen. Aber Vorsicht vor zuviel bei:

Steaks, Spießbraten oder Steckerlfisch.

Und hier etwas besonders Leckeres:

Forellen in Aluminiumfolie.

Dazu brauchen Sie pro Person: 1 Forelle, jeweils 1 Stück Aluminiumfolie in der Größe des Fisches, 2 Zweige Petersilie, etwas Butter, Salz, Pfeffer, 1 in Scheiben geschnittene Tomate, 4 in Scheiben geschnittene Champignons, 2 Eßlöffel saure Sahne, Smoked Salt Old Hickory oder Holzkohlenaroma.

Zubereitung:

Die ausgenommene frische oder tiefgefrorene Forelle (nicht auftauen) innen und außen mit Pfeffer

und etwas Holzkohlenaroma oder Rauchsalz bestreuen. Wenn Sie Rauchsalz verwenden, brauchen
Sie kein Kochsalz. In die Forellen schieben Sie je
einen Zweig Petersilie. Dann fetten Sie die Aluminiumfolie mit Butter ein, legen den Fisch darauf.
Über den Fisch legen Sie die Tomaten- und Cham-
pignonscheiben, die Sie leicht mit Kochsalz salzen.
Dann packen Sie die Aluminiumfolie vorsichtig zu
einem kleinen Paket. Jeder Fisch wird extra verpackt. Sie schieben die einzelnen Pakete in den
Backofen, auf den Grillrost oder das Backblech. Bei
einer Temperatur von 220° C lassen Sie die Pakete
30 Minuten im Ofen. Danach nehmen Sie die heißen Pakete heraus, reißen die Folie auf und geben
jeweils einen Klecks saure Sahne über alles. Dazu
können Sie **Brot und Salat** reichen oder **Butterkar-
toffeln.**

Spaghetti Sauce Seasoning

ist eine gemahlene Gewürzmischung, die Sie für die Zubereitung von Saucen für Spaghetti und andere Teigwaren nehmen können.

Sauce für Spaghetti, Makkaroni und Nudeln:

Dazu brauchen Sie für 2 Personen: 2 Eßlöffel Butter, 2 mittlere kleingeschnittene Zwiebeln, 3–4 ab-
gezogene, in Würfel geschnittene Tomaten, Salz,
Pfeffer, ca. 1 Teelöffel Spaghetti Sauce Seasoning,
nicht zu herben Rotwein, saure Sahne.

Zubereitung:
In einem Topf lassen Sie die Butter heiß werden,
geben die geschnittene Zwiebel dazu, lassen sie

glasig, aber nicht braun werden. Dann kommen die
Tomaten dazu. Das Ganze lassen Sie kurz schmo-
ren, salzen, pfeffern und geben etwas Spaghetti
Sauce Seasoning dazu. Zu der Mischung schütten
Sie ½ Glas Rotwein. Auf kleiner Flamme lassen
Sie den Rotwein verkochen und schütten immer
wieder ½ Glas nach (je nach Bedarf der Saucen-
menge). Am Schluß geben Sie noch 1 Eßlöffel saure
Sahne in die Sauce. Zu dieser Spaghetti-Sauce und
den Teigwaren paßt gut Tomatensalat und grüner
Salat sowie ein leichter Rotwein.

Sternanis

China-Anis

Der Sternanis riecht und schmeckt ähnlich wie der uns
bekannte Anis, etwas aromatischer vielleicht, botanisch
haben aber diese beiden Pflanzen nichts miteinander zu
tun.
Der Sternanissamen ist in einer sternförmigen Frucht-
kapsel enthalten. Sie ist die Frucht eines in China, Japan
und Jamaika heimischen immergrünen Magnolienbau-
mes, der bis zu 6 m hoch wird.
Sternanis riecht süßlich-anisartig und schmeckt feurig-
würzig.

Sternanis können Sie wie Anis verwenden für:

Süßspeisen: Gebäck, Obstsuppen, Pflaumen- und
Birnenkompott.
Verschiedenes: Grog, Punsch.

Siehe auch unter dem Stichwort »Anis«.

Streuwürze

Streugewürz
Season All

Verschiedene Gewürze und Salz enthält diese interessante Mischung.

Season All paßt zu:

Gegrilltem Fisch und Fleisch, Suppen, Gemüse und Eierspeisen.

Streuwürze können Sie anstelle von Kochsalz nehmen.

Thymian

Thyme

Thymian wird im Gegensatz zu Quendel (welscher Thymian) welscher Quendel genannt.
Der Thymianstrauch blüht blaulila und wächst wild im Mittelmeergebiet, aber auch bei uns im Garten. Verwendet werden die Blätter und Blüten. Es gibt sie getrocknet, gemahlen und gerebelt (zerkleinert) zu kaufen. Thymian riecht angenehm würzig und schmeckt sehr durchdringend aromatisch. Verwenden Sie ihn sparsam! Er verträgt sich nicht mit Majoran, paßt eher zu Lorbeer, Rosmarin, Muskat und Salbei.

Thymian – frisch oder getrocknet – paßt zu:

Gemüse: Pilze, Tomaten, Auberginen, Hülsenfrüchte, Eintopf.
Suppen: Kartoffel-, Tomaten-, Erbsen-, Bohnen-, Fisch-.
Salate: Grüner, Kartoffel-, Sellerie-, Tomaten-, Rohkost-.

Fleisch: Schwein, Rind, Hammel, Gehacktes, Leber, Nieren, Huhn, Ente, Gans, Geflügelragout.
Fisch: Gekocht, Blaufelchen, Aal, Muscheln, Krebse.
Verschiedenes: Hühner- und Fleischbrühe, Kräuter-, Braten- und Fischsauce.

Thymian ist nicht nur als Gewürz vielseitig zu verwenden, er ist auch eine zuverlässige Arzneipflanze. Thymiantee nur kurz überbrüht, hilft bei Magenverschleimung, Magenbrennen, Leberbeschwerden. Er ist krampfstillend und schmerzlindernd, z. B. bei Husten.
Geben Sie Thymian ins Badewasser, er duftet aromatisch und erfrischt.

Tripmadam

Tripmadam wird oft auch Mauerpfeffer genannt. Die Pflanze wächst im Garten, im Steingarten und an Mauern.

Geben Sie ihre frisch gehackten Blätter in:

Gemüse: Bohnen, Erbsen, Karotten, Rohkost.
Suppen: Kartoffel-.
Salate: Kartoffel-, Gurken-, Tomaten-, Paprika-, grüner.
Fisch: Blaufelchen.

Bitte verwenden Sie Tripmadam nur frisch. Das Gewürz verliert nach dem Trocknen sein Aroma.

Trüffeln

Schon die Römer schätzten die Trüffeln. Sie bezogen sie aus Griechenland, Afrika und Libyen. Noch heute werden sie als der »Diamant« der Küche bezeichnet.

Die Trüffel ist ein pilzähnliches Gewächs, dessen Inneres
weiß bis rötlich aussieht. In Piemont findet man weiße
Trüffeln, die leicht nach Knoblauch schmecken. Aus Péri-
gord stammen die schwarzen Trüffeln. Die besten Trüffeln kommen aus der Provence, sie werden meistens von
dressierten Hunden und Schweinen gefunden.
In Deutschland können wir die Trüffeln (frisch oder in
Dosen) in Feinkostgeschäften kaufen. Trüffeln sind leicht
verdaulich und passen zu allen pikanten Gerichten.
Trüffeln, ob schwarz oder weiß, werden nicht gewaschen,
sondern nur leicht abgerieben, roh geschnitten oder gehackt.

Trüffeln gebacken als Vorspeise oder roh geschnitten
als Salat. Als Würze zu: Huhn, Ente, Gans, Fasan,
Pasteten und Wurst.

Trüffeltorte und Trüffelpralinen haben nichts mit Trüffeln zu tun, lediglich die darübergestreuten kleinen
Schokoladenkrümel erinnern an diese.

Vanille

Vanillestangen
Vanilla Beans
Mexican Vanilla Bean

Die Vanille ist eine »Einwanderin« aus Südamerika. Sie
ist die Fruchtschote einer orchideenartigen Pflanze und
wird vor der Reife geerntet. In dieser Schote ist ein duftendes Mus.
Die Fruchtschoten (lange schwarze Stengel) werden in
Glasröhrchen verkauft. Sollte auf der Schote ein weißer
Reif liegen, so ist das kein Schimmel, sondern echtes Vanillin. Im Unterschied zu Vanillezucker (in ihm ist echte

VANILLE

Vanille enthalten) ist Vanillinzucker mit synthetischem
Vanillin gewürzt. Auch bei Speiseeis können Sie an den
kleinen schwarzen Punkten erkennen, ob »echte« Vanille
verwendet wurde.
Zum Würzen kratzen oder drücken Sie das Fruchtmus
heraus. Die Vanilleschote können Sie mitkochen.

Vanille gehört in:

Süßspeisen: Obstsuppen, süßer Reis, Apfel- und
Birnenkompott, süßer Auflauf, Pudding, Kaltschale,
Milchdrinks, Speiseeis, süße Saucen, Gebäck, Ku-
chen, Schokolade.

Auch bei der Likör- und Parfümherstellung ist Vanille
notwendig.
Vanille gibt es außerdem in Form von Vanille-Aroma als
Back- und Würzessenz. Echte Vanille werden Sie am
Preis erkennen. Es ist ein »teures« Gewürz.

Ve-tsin-Gourmet-Pulver

Chinesisches Glutamat

Dieses chinesische Glutamat oder Glutaminat ist ein wei-
ßes gekörntes Pulver, das auch (wie bei den anderen
schon aufgeführten Glutamaten, z. B. das japanische
Glutamat) den Eigengeschmack der Speisen fördert und
verstärkt. Das chinesische Glutamat ist appetitanregend
und vitaminreich.

Geben Sie etwas Ve-tsin-Gourmet-Pulver in: Suppe,
Gemüse und Fleisch.

Siehe auch unter dem Stichwort »Glutamat«.

Wacholder

Wacholderbeeren
Juniper Berries

Die Wacholderbeeren sind die getrockneten reifen Früchte
eines zypressenartigen immergrünen Wacholderstrauches
oder -baumes, der in ganz Europa auf Heiden, Bergab-
hängen und auf Moorboden wächst. Die Beeren schmek-
ken würzig-süßlich-scharf und riechen sehr aromatisch.
Sie reifen 2 Jahre lang.
Das frische Holz des Wacholderstrauches (eines Nadel-
gewächses) diente alten Kulturen als Räucherwerk für
kultische Zwecke. Wir nehmen heute Wacholderholz als
Räucherholz zum Räuchern von Wurst und Fleisch und
für den Holzkohlengrill. (Auf die glühenden Holzkohlen
legen Sie einen Zweig Wacholderholz. Das gegrillte
Fleisch bekommt durch den Rauch einen feinen aromati-
schen Überzug.)

Ganze Wacholderbeeren gehören in:
Gemüse: Rotkraut, Weißkraut, Sauerkraut.
Verschiedenes: Fischsud, Fischmarinade, Wildbeize.

Gemahlene Wacholderbeeren gehören in:
Salate: Rote-Rüben-, Rohkost-.
Fleisch: Rind, Gulasch, Ragout, Ente, Wild.

Wacholder wird auch zur Herstellung von Steinhäger,
Gin und Genever verwendet.
Im Wacholder sind ätherische Öle, Bitterstoffe, Harze
und Traubenzucker enthalten.

Waldmeister

Waldmeister gibt es in ganz Mitteleuropa. Er wächst in Wäldern und an Waldrändern, riecht würzig und schmeckt bitter. Er ist ein richtiges Maigewürz, das Sie zur Maibowle nehmen sollten.
Gehackte Waldmeisterblätter gehören in:

Süßspeisen: Obstsuppe, Obstsalat, süßer Auflauf, Pudding.

Waldmeisterwein und Waldmeistertee sind blutreinigend und herzstärkend.

Walnuß

Die Walnuß wird auch Baumnuß und welsche Nuß genannt. Der Walnußbaum wächst bei uns und kann bis zu 20 m hoch werden.

Die Walnuß wird roh gegessen und paßt als Würze zu:

Fleisch- und Salatsaucen, zu Süßspeisen und Gebäck.

Getrocknete Walnußblätter – als Tee aufgegossen – wirken blutreinigend und helfen bei Magen- und Darmverschleimung.

Hier ein Rezept für

Geflügelsalat mit Walnuß-Sauce

Sie brauchen dazu für 2 Personen: pro Person 1 Tasse gekochtes, in Streifen geschnittenes Huhn, einen halben kleingeriebenen säuerlichen Apfel, einen halben Teelöffel geriebenen frischen Meerrettich, Pfeffer, Salz, 1 Eßlöffel Zitronensaft oder 1 Eßlöffel Weinessig, feingehackte Walnüsse, 1 Eidotter, 1 1/2 Eßlöffel Öl, eine Prise Zucker.

Zubereitung:
Zu dem kleingeschnittenen Hühnerfleisch geben Sie
den kleingeriebenen Apfel und den Meerrettich.
In einem anderen Gefäß bereiten Sie die **Salatsauce:** Zu dem gerührten Eidotter geben Sie Pfeffer, Salz, Zitronensaft oder Weinessig, 1 Prise Zukker, die feingehackten Walnüsse, das Öl und vermischen alles recht gut. Die Sauce gießen Sie über
das Fleisch und lassen den Salat noch kurz im Eisschrank ziehen.
Dazu geben Sie frisches **Bauernbrot** oder **Toastbrot.**

Weinraute

Gartenraute

Weinraute – auch Drögblatt genannt – ist sehr aromatisch. Sie kam aus Südeuropa zu uns und wächst im
Garten.

Geben Sie kleingehackte Weinrauteblättchen in:

Gemüse: Spinat, Wirsing, Tomaten, Pilze.
Suppen: Blumenkohl-.
Salate: Grüner.
Fleisch: Hammel.
Fisch: Gekocht.
Verschiedenes: Saucen, Wildbeizen, Käsespeisen,
süßer Quark, Mayonnaise.

Weinraute ist verdauungsfördernd.

Ysop

Hysop

Ysop kommt aus Mitteleuropa. Er riecht und schmeckt
duftig-aromatisch.

Die zarten frischen Blätter hacken Sie für:

Gemüse: Tomaten, Rohkost.
Suppen: Bohnen-, Kartoffel-.
Salate: Fleisch-, Kartoffel-, Sellerie-.
Fleisch: Pastete.

Ysop wird auch für Kräuterlikör verwendet.
Außerdem hilft Ysop bei Magen- und Darmbeschwer-
den und wird als Gurgel- und Augenwasser genommen.

Zimt

Kaneel
Stick Cinnamon (Zimt in Stangen)
Cinnamon
Cinnamon Saigon Ground (gemahlener Zimt)

Eine uralte Kulturgeschichte umgibt den Zimt. Schon
Jahrtausende vor Christus war er bekannt. Man würzte
nicht nur mit Zimt, sondern salbte und räucherte damit.
Der Hauptlieferant war und ist Ceylon.
Aus der Baumrinde des Zimtlorbeerbaumes, der auf
Ceylon wächst (in China erntet man den Zimt von Zimt-
sträuchern), genauer gesagt, aus der Innenrinde der
Baumschößlinge, wird der Stangenzimt gewonnen. Nach
der Ernte schneidet man die 1 m bis 1,50 m langen Stangen in 1 cm bis 2 cm lange Stücke. Dann werden mehrere
dieser hauchdünnen Stücke ineinandergeschoben, die En-
den verschnitten und getrocknet.

Ceylon-Zimt riecht aromatisch-würzig und schmeckt »feurig«, süß-brennend.
Außer dem Ihnen bekannten Stangenzimt, dem Kaneel, können Sie auch die Zimtblüte zum Würzen verwenden.

Die **Zimtblüte** eignet sich für Punsch und Glühwein.
Ein anderer Versuch: Geben Sie einige »Blüten« zu den Teeblättern, bevor Sie den schwarzen Tee aufgießen. Falls Sie keine Blüte im Hause haben, nehmen Sie **Stangenzimt.**
Vorsicht vor zuviel Stangenzimt. Er würzt recht intensiv.
Für Milchreis können Sie anstelle von Zitronenschale Stangenzimt in der Milch mitkochen lassen. Probieren Sie Stangenzimt auch einmal im Fisch- und Geflügelsud.
Gemahlenen Zimt geben Sie in:
Süßspeisen: Obstsuppe, Obstsalat, süßer Reis, süßer Quark, Apfelkompott, Gebäck (Zimtsterne).
Fleisch: Lamm, Schwein.

Nehmen Sie möglichst dünne Zimtstangen, sie sind die beste Qualität.
Zimtrinde enthält stark duftendes Zimtöl, das appetitanregend, magenstärkend und verdauungsfördernd wirkt.

Zitronat

Zitronat-Zitrone
Zedrat-Zitrone

Die Zitronat-Zitrone entstammt der Familie der Citrusfrüchte. Das Zitronat wird aus der dicken Schale dieser saftarmen runzligen Zitrone hergestellt. Die Schale oder die Scheiben dieser Frucht werden in Zuckerlösung ge-

taucht und kandiert. Zitronenschale wird aber auch getrocknet verkauft.

Zitronat-Zitrone nehmen Sie als Gewürz und Garnierung für Süßspeisen und Gebäck.

Zitrone

Citrus
Lemon Peel (getrocknete, grob gemahlene Zitronen-
schale)

Der Zitronenbaum, auch Limonenbaum genannt, wurde
zuerst in Indien entdeckt. Er wird heute vor allem im
Mittelmeergebiet, Kalifornien und Florida angebaut und
trägt während des ganzen Jahres Früchte.
Die Zitrone, das wissen Sie, ist ein vielseitiges Küchen-
gewürz. Die **Schale** wird getrocknet, grob gemahlen und
als Lemon Peel verkauft. Falls Sie die Zitronenschale nicht
frisch verwenden, können Sie sie auch fein hacken und
mit Zucker vermengt in ein Glas pressen, das luftdicht
verschlossen werden muß (als »Reserve-Würze«). Vor
allem ist wichtig, daß die Zitrone ganz dünn abgeschält
wird und keine weiße Haut (die bitter ist) mehr an den
Schalen haftet. Es wird immer schwieriger, Zitronenschale
zu verwenden, da die meisten Früchte mit Diphenyl ge-
spritzt werden, um haltbarer zu bleiben. Die Schale solcher Früchte ist ungenießbar. Soweit also die Schale.
Nun zum **Saft:** Der Zitronensaft ist »reich« an Vitaminen.
Er eignet sich gut als Essigersatz. Ich finde sogar, daß
Salat mit Zitronensaft angerichtet viel aromatischer
schmeckt als mit Weinessig.

Zitronensaft oder Zitronenschale nehmen Sie für:

Süßspeisen: Obstsuppe, Obstsalat, süßer Quark,

**ZWIEBEL
MIT
NELKEN
BESTECKT**

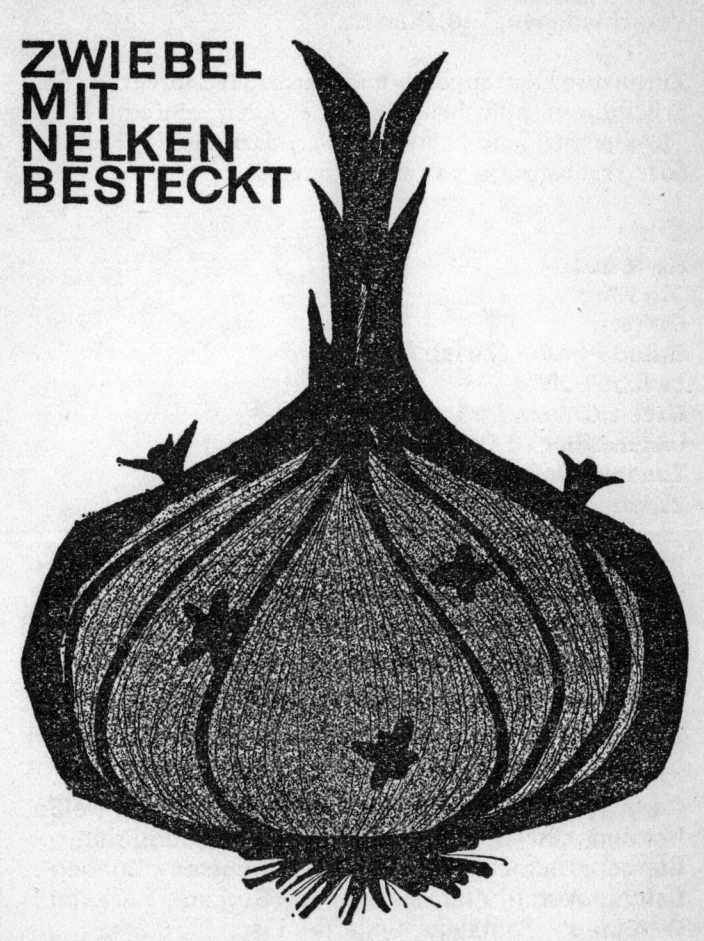

Milchdrinks, Auflauf, Gebäck, süßer Reis (lassen Sie
ein Stück Zitronenschale mitkochen).
Verschiedenes: Tee, Punsch.

Zitronensaft ist appetit- und verdauungsanregend. Bei
Erkältungen hilft heiße Zitrone. Ganz einfach: Halb
Zitronensaft, halb heißes Wasser, dazu Honig, Kandis-
oder Traubenzucker. Wohl bekomm's!

Zwiebel

Onion
Onion Powder (Zwiebelpulver)
Zwiebelpulver
Green Onions (grüne Zwiebel)
Instant Minced Onions (Zwiebelflocken)
Toasted Onions Instant (Zwiebel geröstet)
Zwiebelsalz

Aus dem Orient kommt die Zwiebel zu uns. Da gibt es
die Perlzwiebel (meistens in Essig eingelegt, in Mixed
Pickles), die Schalotte, eine kleine rote, scharfe Zwiebel,
und die dicke Winterzwiebel.

Zwiebel frisch, Zwiebelflocken, grüne Zwiebel, Zwiebelsalz oder Zwiebelpulver (vorher in etwas Wasser an-
rühren) geben Sie in:

Gemüse: Spinat, Rotkraut, Weißkraut, Wirsing, weiße
Bohnen, Linsen, Tomaten, Rosenkohl, Sauerkraut.
Suppen: Blumenkohl-, Kartoffel-, Tomaten-, Bohnen-.
Salate: Wurst-, Fleisch-, grüner, Gurken-, Kartoffel-,
Weißkraut-, Tomaten-, Sellerie-, Fisch-.
Fleisch: Schwein, Rind, Kalb, Hammel, Gehacktes,
Huhn, Ente, Gans, Wild.
Verschiedenes: Bratkartoffeln (geröstete Zwiebel).

Falls Sie Zwiebelsalz verwenden, brauchen Sie kein Kochsalz zu nehmen.
Die Zwiebel ist ein Vitaminträger, der Heilkraft besitzt. Sie bewirkt die Durchblutung der Schleimhäute und stärkt die Herztätigkeit.

WÜRZBEISPIELE

Wir haben Ihnen einige Würzbeispiele (über Gewürze ohne Saucen) für Gemüse, Suppen, Salate, Fleisch und Fisch zusammengestellt. Das Verzeichnis ist keinesfalls vollständig. Es soll lediglich dazu dienen, Ihnen sofort während des Kochens für einige Hauptgerichte Würzanregungen zu geben. Je nach Ihrer Erfahrung und Ihrem Geschmack vervollständigen Sie die Würzbeispiele.

Jeweils auf der **ersten Zeile** haben wir die Gewürze aufgeführt, die Sie alle miteinander in das Essen geben.

Auf der **zweiten und dritten Zeile** stehen alle die Gewürze (mit starkem Eigengeschmack) von denen Sie entweder das eine oder das andere zu den Gewürzen der ersten Zeile hinzufügen können. Bedenken Sie beim Mischen der Gewürze, daß keines zu stark »hervorschmeckt«.

Am besten ist, Sie zerreiben Trockengewürze zwischen den Fingern, bevor Sie sie ins Essen geben. Falls Sie einen Porzellanmörser haben, können Sie darin alle zu mischenden Gewürze zusammen zerstoßen.

Beachten Sie: Frische Gewürze werden klein gehackt und Trockengewürze fein zerrieben oder zerstoßen ins Essen gegeben. Dann erst entwickeln die Gewürze ihr volles Aroma.

Gemüse

Auberginen	Basilikum oder Kerbel
Blumenkohl	Muskatnuß, weißer Pfeffer, Mei Yen
Bohnen	Bohnenkraut, schwarzer Pfeffer +Dill oder Petersilie
Gurken	Borretsch, Petersilie, Zwiebel, schwarzer Pfeffer +Anis oder Bohnenkraut oder Dill
Karotten	Anis, Estragon +Gewürznelke oder Petersilie oder Pfefferminze
Kohlrabi	Gewürznelke oder Muskat oder Piment oder
Pilze	Rosmarin oder Thymian oder Kümmel
Rotkraut	Anis, Borretsch, Wacholder, Zwiebel +Bohnenkraut oder Gewürznelke
Sauerkraut	Gewürznelke, Lorbeer, Wacholder, Zwiebel +Curry oder Kümmel oder Paprika
Weißkraut	Basilikum, Bohnenkraut, Borretsch, Wacholder +Kümmel

Suppen

Blumenkohl	Basilikum +Curry oder Dill oder Estragon oder Liebstöckl
Bohnen	Basilikum, Pfeffer +Thymian oder Bohnenkraut oder Paprika

Erbsen	Pfeffer, Schnittlauch + Petersilie oder Muskat oder Bohnenkraut
Fisch	Safran, Estragon, Knoblauch, Lorbeer
Kartoffel	Beifuß, Bohnenkraut, Borretsch, Dill, Estragon und Curry oder Kümmel oder Majoran oder Lorbeer
Tomaten	Basilikum, Dill, Kerbel + Salbei oder Oregano oder Paprika

Salate

Fisch	Basilikum, Knoblauch, Lorbeer, Meerrettich + Petersilie oder Paprika
Fleisch	Basilikum, Beifuß, Dill, Estragon + Majoran oder Meerrettich
grüner Salat	Basilikum, Bohnenkraut, Borretsch, Dill + Zwiebel oder Knoblauch oder Thymian oder Petersilie
Gurken	Dill, Bohnenkraut, Knoblauch + Borretsch oder Estragon oder Schnittlauch oder Petersilie
Kartoffel	Bohnenkraut, Pfeffer, Zwiebel, Senf + Borretsch oder Paprika oder Petersilie oder Schnittlauch oder Thymian
Rote Rüben	Koriander, Meerrettich, Pfeffer + Kümmel oder Sellerie oder Weinraute
Spargel	Basilikum, Estragon + Muskat oder Piment oder Safran
Tomaten	Dill, Petersilie, Knoblauch + Basilikum oder Zwiebel oder Thymian oder Pimpinelle

Fleisch

Hammel	Rosmarin, Knoblauch +Majoran oder Borretsch oder Thymian
Huhn	Geflügelgewürz, Rosmarin, Basilikum, Beifuß +Paprika oder Estragon oder Fenchel
Kalb	Zwiebel, weißer Pfeffer +Curry oder Paprika oder Salbei oder Rosmarin
Rind	gekocht: Basilikum, Lorbeer, Pfeffer, Muskat gebraten: Thymian oder Rosmarin, Pfeffer
Schwein	Majoran, Beifuß, Knoblauch +Curry oder Thymian oder Oregano oder Basilikum
Wild	Wacholder, Salbei, Gewürznelke +Curry oder Estragon

Fisch

Gekocht	Dill, Salbei, Basilikum, Wacholder, Lorbeer +Rosmarin oder Curry
Aal	Borretsch, Dill, Meerrettich +Koriander oder Salbei
Blaufelchen	Pimpinelle, Thymian, Weinraute
Hering mariniert	Borretsch, Dill, Estragon, Lorbeer, Pfeffer +Koriander
Karpfen	Dill, Fenchel, Meerrettich, Pfeffer, Petersilie +Paprika oder Thymian

WÜRZEN MIT SAUCEN

Neben neuen Gewürzen kommen heute auch immer mehr
Gewürzsaucen auf den Markt. Vor allem sind es Importe
aus Amerika, England und Frankreich, die mit dem Reiz
des Neuen und »Ausländischen« die Hausfrauen verlok-
ken. Und die Hausfrauen haben durchaus nicht unrecht,
wenn sie sich verlocken lassen: die fix und fertig gewürzten Saucen für Gemüse, Suppen, Salate, Fleisch, Fisch
und Süßspeisen kommen meist von renommierten Firmen, deren Name bereits für Qualität bürgt.
Längst sind solche pikanten Saucen nicht mehr das allei-
nige Privileg von Feinschmecker-Restaurants – sie stehen heute zu erschwinglichen Preisen jeder Hausfrau
zur Verfügung.
Nur wüßte man gerade bei den ausländischen Produkten
gern etwas genauer, was sich hinter den oft rätselhaften
Etiketten verbirgt.
Hier möchten wir Ihnen mit dieser Auswahl von 93 Saucen helfen: zu jeder Sauce oder Paste ist die Zusammensetzung angegeben – soweit sie von den Firmen verraten
werden –, außerdem Würzcharakter und Anwendungsmöglichkeiten.
Die genauen Rezepte sind meist streng gehütetes Ge-
schäftsgeheimnis der einzelnen Firmen. So kann es auch
vorkommen, daß von verschiedenen Firmen Saucen des
gleichen Namens angeboten werden, die aber nach unter-
schiedlichen Rezepten zubereitet wurden und im Geschmack differieren.
Informieren Sie sich nun einmal über alle die delikaten
Geschmacksrichtungen und probieren Sie ein paar Würzsaucen aus. Bald werden Sie dann »würzmutiger« und

wagen sich auch an Mischungen: Sie können verschiedene Saucen miteinander kombinieren oder auch noch Gewürze dazugeben und damit immer neue Würznuancen erzielen.

Auf Grund vieler Erfahrungen möchten wir Ihnen raten: Beginnen Sie mit **einer** Sauce und erproben Sie erst nach und nach weitere Möglichkeiten. Und gehen Sie mit den meist recht konzentrierten Saucen zuerst sehr sparsam um! Niemals darf durch »Überwürzen« der eigentliche Charakter einer Speise verdeckt oder verdorben werden. Manchmal sind auf den Dosen und Flaschen Würzmengen angegeben. Solche Hinweise wurden aber in dieser Zusammenstellung grundsätzlich unterlassen. Jeder wird sowieso nach seinem speziellen Geschmack würzen, und generelle Anweisungen nützen wenig. Je nach Menge der Speise genügt oft ein halber Teelöffel Sauce, Paste oder Gewürz.

Im Gegensatz zu Gewürzen dürfen Sie Saucen **nicht** mitkochen, da sie gerinnen und ihr Aroma verlieren. Geben Sie die Saucen nach dem letzten Aufkochen in die Speisen oder separat zum fertigen Gericht.

Würzsaucen bekommen Sie nicht nur im Feinkostgeschäft: auch in den einfachen Lebensmittelgeschäften und in den Feinkostabteilungen der großen Kaufhäuser sind die Saucen bereits »im Vormarsch«, und das Angebot wird von Tag zu Tag reichhaltiger.

Und nun wünschen wir Ihnen auch für das WÜRZEN MIT SAUCEN gutes Gelingen!

SAUCEN UND ANDERES WÜRZIGES

A-1-Sauce

Diese süß-pikante Sauce enthält:
Weinessig, Zuckersirup, Curry, Pfeffer, Mazisblüte, Paprika, Piment und andere Gewürze.

Reichen Sie sie zu folgenden Speisen:

Fleisch: Hammel, Steaks.
Verschiedenes: Reisgerichte, Braten- und Salatsaucen.

Abricoma-Sauce

ist eine süß-pikante Sauce aus Zucker, Aprikosen, Vanille und anderen Gewürzen.

Sie gehört zu:

Süßspeisen: Kompott, Obstsalat, Pudding, Eis.

Asem Koening

So nennt sich das Fruchtmus aus der Schotenfrucht des Tamarindenbaumes. Es schmeckt herb-säuerlich.

Asem Koening gehört zu:

Pfannengerichten, wie Schnitzel, Steaks, Käse- und Eierspeisen.

Austern-Sauce

Die Austern-Sauce — ein Bestandteil der chinesischen Küche — wird aus frischen Austern und vielen Gewürzen hergestellt.

Geeignet für chinesische Gerichte sowie:

Fleisch: Roastbeef, Beefsteak, gegrilltes, gebratenes und kaltes Fleisch.

Barbecue-Sauce

Die pikante Barbecue-Sauce besteht aus Tomatenmark, Zucker, Zwiebel, Salz, Essig, Knoblauch und verschiedenen anderen Gewürzen.

Vor dem Braten wird damit bestrichen:

Fleisch: Schnitzel, Steaks, Geflügel, gegrillt und gebraten,

Das Fleisch wird dadurch würzig und knusprig.

Branston-Sauce

besteht aus Pfeffer, Zucker, Curry, Mango-Chutneys, Malzessig.

Branston-Sauce geben Sie zu:

Braten- und Salatsaucen, zu kaltem Braten, Geflügel.

Café-de-Paris-Sauce

ist eine helle, u. a. mit Knoblauch pikant gewürzte Kräu-

tersauce, die nach dem berühmten Café de Paris benannt
wurde.

Café-de-Paris-Sauce eignet sich für:

Fleisch: Gebraten und gegrillt, Steaks, Schnitzel,
gekochtes Rindfleisch.

Steak-Rezept mit Café-de-Paris-Sauce.

Pro Person rechnen Sie 1 Steak, Sie zerhacken
2 Teelöffel Pfefferkörner (aber nicht mahlen).

Die Steaks werden mit den gehackten Pfefferkör-
nern auf beiden Seiten eingerieben, auf einen Tel-
ler gelegt und jeweils mit 1 Teelöffel Kognak über-
gossen. Für 1 Stunde werden sie zugedeckt in den
Eisschrank gestellt. Danach salzen Sie die Steaks
und braten Sie in heißem Fett oder grillen sie. Die
Bratzeit richtet sich nach Ihrem Geschmack – ob Sie
Steaks ziemlich roh, halbgar oder ganz durchge-
braten wünschen. Kurz vor dem Servieren der
Steaks geben Sie je 1 Teelöffel Café-de-Paris-Sauce
über die Steaks.

Chilli-Sauce

Chili-Sauce
Sweet Chili-Sauce (süß-pikant)
**Chinesische Chili-Sauce (süß-pikant scharf oder sehr
scharf)**
Chinesisches Chili-Püree

Chili-Sauce gibt es in milder Form (Sweet Chili-Sauce),
ketchupartig, würzig-aromatisch (amerikanische und
englische Art).
Bestandteile: Tomatenmark, Zucker, Essig, Salz, Zwiebeln. Sie ist **nicht scharf.**

CHILI-SAUCE

Es gibt **Chinesische Chili-Sauce** süß-pikant, aber **scharf,** und außerdem sehr scharf, sowie das **Chinesische Chili-Püree,** stark eingekocht und mit viel Cayenne-Pfeffer gewürzt, also »super«-scharf.
Die Chili-Saucen würzen »rassig«-pikant. Verwenden Sie sie sparsam: nur tropfenweise!

Je nach Ihrem Geschmack suchen Sie sich eine Chili-Sauce aus. Passende Gerichte

Fleisch: Gebraten, gegrillt, Steaks, Fondue, kalter Braten, gekochter Schinken.
Fisch: Gekocht und gebraten.
Verschiedenes: Reistafel, Salatsaucen, Cocktails.

Chinese Mixed Pickles

Chinese Mixed Pickles sind eine Mischung von Gemüse, wie Gurken und Pfefferschoten, mit Zucker, Ingwer, Paprika, süß-pikant gewürzt. Manche Sorten von Chinese Mixed Pickles werden in Soja-Würze eingelegt.
In der chinesischen Küche sind Chinese Mixed Pickles als Würze und Beilage unentbehrlich. Sie können sie bei uns in Gläsern kaufen.

Versuchen Sie die Chinese Mixed Pickles zu:

Fleisch, Reisgerichten, Saucen, Salaten.

Chow-Chow

Chow-Chow ist eine Zusammenstellung aus tropischer Früchte und Ingwer, eingelegt in Sirup.
Sie können Chow-Chow mit Lychee-Früchten gemischt als Nachtisch geben.

Chow-Chow paßt außerdem zu:

Fleisch, Fondue, chinesischen Gerichten.

Chutney-Sauce

– in flüssiger und Pastenform – stammt aus Indien. Chutney-Sauce enthält Zucker, Salz, Essig, Gemüse, Zimt, Paprika, Gewürznelken.

Geben Sie sie zu:

Braten- und Salatsaucen, Fleischfondue.

Cocktail-Sauce

Eine pikante, vielseitig verwendbare Sauce ist die Cocktail-Sauce.

Sie gehört zu folgenden Speisen:

Fleisch: Kalt, Braten und Geflügel.
Fisch: Gekocht oder gebraten, Muscheln, Austern, Krebs und Hummer (auch Cocktails).
Verschiedenes: Käse- und Eierspeisen.

Cumberland-Sauce

besteht aus Johannisbeergelee, Madeira oder Portwein, Schalotten (kleinen Zwiebeln), Zitronensaft, Orangenschale, Senf, Ingwer und anderen Gewürzen.

Cumberland-Sauce paßt zu:

Vorspeisen und Salaten sowie zu
Fleisch: Kalt oder warm, Pastete, Geflügel, Wild.

Cumquats

Cumquats sind winzige Orangen – sogenannte Zwergorangen –, die mit der Schale eingelegt werden. Sie schmecken bitter-süß-pikant.

Cumquats werden ganz gegessen, entweder als Nachtisch oder zu

scharfen Getränken: Whisky, Gin, Wodka.

Curry-Sauce

Curry-Extrakt

In der **Curry-Sauce** ist Curry, Salz, Zucker und Fett enthalten.
Der **Curry-Extrakt** ist konzentrierter in der Würzkraft als die Curry-Sauce.

Curry-Sauce oder Curry-Extrakt geben Sie zu:

Fleisch, Geflügel, Fisch, Reisgerichten, Curry-Saucen, Curry-Suppen.

Bei der Verwendung fertiger Saucen beachten Sie bitte, daß kein ähnliches Trockengewürz in dem Gericht enthalten sein darf. Sie nehmen entweder Curry-Sauce oder Curry-Pulver.

Dressing

Bleu-Cheese-Dressing
Caesar-Dressing
French-Garlic-Dressing
French-Red-Roquefort-Dressing
Garlic-Dressing
Italian-Dressing
Roquefort-Dressing
Russian-Dressing

Dressings sind fertige Saucen, hauptsächlich Salatsaucen, für die verschiedensten Gerichte. Sie sind meistens in

Gläser abgefüllt und ersparen Ihnen viel Arbeit. Die verschiedenen Dressings können Sie je nach Ihrem Geschmack untereinander mischen.

Die Gläser sollten Sie nicht dem Sonnenlicht oder der Ofenwärme aussetzen. Stellen Sie sie am besten ins unterste Fach Ihres Kühlschrankes.

Die Anwendungsmöglichkeiten der verschiedenen Saucen finden Sie unter den jeweiligen Namen aufgeführt.

Bleu-Cheese-Dressing = Blaue-Käse-Sauce

ist eine weiße cremige, milde Sauce, die leicht nach Käse schmeckt. Sie gehört in:

Salatsaucen für grünen Salat, Selleriesalat, zu Fondue und pikantem Quark.

Caesar-Dressing = Caesar-Sauce

ist eine hellgrau-bräunliche, scharfe Sauce, die Anchovis und Käse enthält. Sie paßt zu:

Salaten, Gemüse (Artischocken), Fleischauflauf.

French-Garlic-Dressing = Französische Knoblauch-Sauce

ist eine milde süß-pikante Sauce mit Öl, Essig, Tomaten, Knoblauch.

Sie gehört zu:

Hammel, Fleischfondue, Salatsaucen.

French-Red-Roquefort-Dressing = Französische Roquefort-Sauce

ist eine rötliche Salatsauce, mild-pikant, mit Tomaten, Käse, Öl. Geben Sie sie zu.

Tomaten, Spaghetti, Auflauf.

Selleriesalat mit Roquefort-Sauce

Sie zerschneiden 1 gekochte Sellerieknolle in feine
Scheiben. Dazu raspeln Sie einen halben Apfel,
salzen, pfeffern und träufeln etwas Zitronensaft
über den Sellerie. Danach geben Sie 2 Eßlöffel
Roquefort-Dressing über den Salat.

Lassen Sie ihn 15 Minuten im Eisschrank ziehen,
probieren ihn und würzen ihn gegebenenfalls mit
Zitronensaft und Öl oder Roquefort-Dressing nach.

Garlic-Dressing = Knoblauch-Sauce

Das ist eine milde Creme mit etwas Knoblauch für:

Fleisch, Fondue, gekochten Fisch, Gemüse.

Italian-Dressing = Italienische Sauce

Die Italienische Sauce besteht aus Öl, Essig, Zwiebel,
Gewürzen.

Sie würzt pikant:

Salate und Artischocken.

Roquefort-Dressing = Roquefort-Sauce

ist eine pikante Roquefort-(Käse)-Sauce für:

Salate: Grüner, Sellerie-, Chicorée-.

Russian-Dressing = Russische Salat-Sauce

besteht aus: Zitronensaft, Chili-Sauce, Früchten und Gewürzen.

Russian-Dressing geben Sie zu:

Salatsaucen und Fleischfondue.

Essenzen

»Bei den Essenzen handelt es sich um Naturessenzen, natürliche Produkte ohne chemische Beimischung oder Aromaherstellung«, so versichern die Hersteller.
Da gibt es:
Butter-, Rum-, Kokosnuß-, Ananas-Essenzen
und viele andere mehr.

Essenzen sind stark konzentriert und sollten sparsam verwendet werden für:

Backwaren, Kuchen, Eiscreme.

Essig

Vinegar
Fruchtessig
Kräuteressig
Malzessig
Obstessig
Weinessig

Ich möchte Ihnen kurz die Essigsorten vorstellen, ohne Ihnen die genaue Herstellung des Essigs zu erläutern:

Fruchtessig: wird aus Essig und Fruchtsaft hergestellt.

Kräuteressig: wird (bei guter Qualität) aus Weinessig und Kräutern hergestellt.

Malzessig: wird häufig in England verwendet (z. B. für Worcestersauce) und aus Malz gewonnen.

Obstessig: erhält man durch Gärung verschiedener Obstweine.

Weinessig: wird als die beste Essigsorte bezeichnet und aus Wein gewonnen. Anwendungsmöglichkeiten siehe unter dem Stichwort »Weinessig«.

Fruit-Sauce

Fruchtsauce

ist wie »Sauce Melba« für süß-pikante Speisen geeignet:

Fruchtsaucen, Obstsalat, Eisspeisen, Geflügel.

Mögen Sie vielleicht dieses Rezept einmal ausprobieren?

Eis mit Fruit-Sauce
Dazu passen **Schokoladen-, Vanille-, Erdbeer- und anderes Fruchteis** (auch Eis aus der Kühltruhe).
In einer Kasserolle lassen Sie Madeira heiß werden – pro Person rechnen Sie 2 Eßlöffel –, aber nicht kochen lassen, dazu geben Sie pro Person 1 gestrichenen Teelöffel Staubzucker. Unter Rühren lassen Sie den Staubzucker langsam im Madeira zerschmelzen. Jetzt geben Sie einige frische oder eingelegte Früchte, wie Kirschen, Erdbeeren, Preiselbeeren, dazu. Sehr gut schmecken auch Früchte aus dem Rumtopf (das sind frische Früchte in Rum eingelegt). Je nach Bedarf rechnen Sie pro Person 1–2 Eßlöffel an Früchten. Das Ganze lassen Sie 5 Minuten auf kleinem Feuer leicht brodeln (aber nicht kochen). Dann verrühren Sie pro Person 1 Teelöffel Fruit-Sauce in das heiße Gemisch und lassen alles zusammen auf kleinem Feuer ziehen. Das Eis geben Sie in kleine Schüsseln, die Sie vorher kalt ausspülen (damit sie nicht zerspringen), gießen die Sauce mit den Früchten darüber – und lassen es sich recht gut schmecken.

Gado-Gado

ist eine Paste für Saucen. Sie besteht aus Erdnüssen und Gewürzen und ist in Gläsern erhältlich.
Gado-Gado wird mit Wasser angerührt und auf kleinem Feuer gekocht.

Gado-Gado paßt zu:

Rohem oder gekochtem Gemüse und zu kleinen Fleischspießchen.

Garlic-Juice

Knoblauchsaft

Garlic-Juice ist reiner Knoblauchsaft, hergestellt aus frischem Knoblauch. Er erspart Ihnen das Schneiden des Knoblauchs.

Geben Sie ihn – sparsam – zu:

Gemüse, Salatsaucen, Fleisch (vor dem Braten auf allen Seiten damit beträufeln).

Herbadox

So nennt sich eine pikante Würzmischung aus Weinessig, Schalotten, Estragon, Pfeffer und Fleischextrakt.

Herbadox nehmen Sie für:

Salat-, Kräuter- und Fleischsaucen, Mayonnaise.

Ideal-Sauce

besteht aus Tomaten, Malzessig und Gewürzen. Die Ideal-Sauce sieht braun aus, schmeckt pikant und würzt »ideal«:

Steaks, Braten- und Salatsaucen, gekochten Fisch.

Kapern

Die Kapern wachsen an einem Strauch im Mittelmeergebiet. Die Blütenknospen dieses Strauches werden in Essig eingelegt.

Ganz oder fein gehackt passen Kapern in:

Tatar, Ragout, Fisch, Braten-, Salat- und Remouladensauce.

Kapern-Sauce zu Fisch

Für 2 Personen bereiten Sie aus 1 Eßlöffel Butter und 1 Eßlöffel Mehl eine Mehlschwitze, die Sie mit $^{1}/_{4}$ l Fischbrühe glattrühren und sämig werden lassen. Dazu geben Sie ein Stückchen Butter. In einem anderen Gefäß verrühren Sie 1 Eigelb mit 1 Teelöffel Zitronensaft, Pfeffer, Salz und 1 Teelöffel gehackten Kapern.

Sie nehmen den Topf mit der Fischsauce vom Feuer und rühren vorsichtig die Kapernmischung dazu, lassen alles zusammen heiß werden, aber nicht kochen. Zu dieser Sauce paßt jeder gekochte Fisch.

Ketjap-Benteng

Ketjap Benteng »Asin«
Ketjap Benteng »Manis«

Ketjap Benteng ist eine indische Soja-Sauce, hergestellt aus dem Extrakt der Sojabohne, Salz, Zucker und Gewürzen.

Ketjap Benteng »Asin« enthält mehr Salz, Ketjap Benteng »Manis« mehr Zucker und wird für die indonesische Küche verwendet.

Ketjap Benteng – (»Asin« oder »Manis« – je nach Ihrem Geschmack) geben Sie in:

Gemüse: Eintopf.
Suppen: Gemüse-.
Salate: Alle Arten.
Fleisch: Alle Arten, auch Wild.
Fisch: Alle Arten.
Verschiedenes: Für indische oder chinesische Gerichte und Reistafel, Bahmi, Nasi Goreng, Teigwaren.

Ketjap Benteng ist vitaminreich.

Kräuterbutter

Knoblauchbutter
Sardellenbutter

können Sie fertig kaufen, aber auch selbst herstellen.

Sie passen zu:

Braten, Bratensaucen, zu gegrilltem, gebratenem und gebackenem Fleisch und Geflügel.

Knoblauchbutter: ist gerührte Butter mit Knoblauch und Salz gewürzt.

Kräuterbutter: besteht aus Butter, Zwiebeln und frischen Kräutern: Petersilie, Estragon, Schnittlauch, Basilikum, etwas Knoblauch, Zitronensaft oder Zitronenschale.

Sardellenbutter: ist schaumig gerührte Butter, mit Sardellen gewürzt!

Madeira-Gelee

Madeira-Gelee ist ein Aspik – zubereitet aus Madeira – zum Schneiden, das Sie zum Würzen und Garnieren nehmen können für:

Fleisch, Geflügel, Pasteten, Saucen, Gelatine.

Maggi-Würze

riecht und schmeckt stark nach Liebstöckl (Maggikraut).

Sie können es zum Nachwürzen nehmen für:

Gemüse, Eintopf, Salatsaucen.

Mango-Chutney

Indian-Mango-Chutney

Mango-Chutney ist eine orientalische Spezialität – mehr eine Würzpaste als eine Sauce – aus Mangofrüchten (Mango ist eine tropische Frucht), Ingwer, Zucker, Essig, Curry, Pfeffer, Tamarindenmus in Sirup eingelegt. Mango-Chutney schmeckt süßsauer-pikant.

Außerdem gibt es noch **Indian-Mango-Chutney:** ein Mango-Chutney anderer Zusammenstellung aus Früchten, Gemüsen und Gewürzen.

Mango-Chutney und Indian-Mango-Chutney geben Sie als Kompott oder Beilage zu

Fleisch: Kalt, gebraten, gegrillt, Rind, Lamm, Geflügel, Wild.
Verschiedenes: Reistafel, Salat- und Bratensaucen, Omeletts.

Hier ein Tip für

Gemischte Fleischhappen mit Mango-Chutney.
Dieses Essen eignet sich gut als pikantes Katerfrühstück oder als leichtes Abendbrot. Auf jeden Fall ist es ein leckeres, schnelles Gericht.

Die Fleischmenge richtet sich nach Ihrem Appetit. Ich schlage für 2 Personen vor:
100 g mageres Rindfleisch, 100 g mageres Kalbfleisch zum Schnellbraten, Pfeffer, Salz, 2 Eßlöffel Weinbrand, Rotwein, Mango-Chutney, Butter, Mehl.

Zubereitung:
In einer Kasserolle lassen Sie die Butter heiß werden. Das Rind- und Kalbfleisch haben Sie in kleine Würfel geschnitten, salzen, pfeffern und stäuben Mehl darüber. So vorbereitet, braten Sie das Fleisch in der heißen Butter scharf an. Darüber gießen Sie den Weinbrand und lassen ihn etwas verdunsten. Nun gießen Sie ½ Glas Rotwein zu und lassen das Fleisch auf kleiner Flamme ca. 5–10 Minuten garwerden. Sobald der Rotwein verdunstet ist, gießen Sie etwas nach, so daß das Fleisch nicht trocken wird und etwas Sauce bekommt. Sowie das Fleisch

gar ist, rühren Sie 1 Teelöffel Mango-Chutney dar-
unter.
Zu diesem Fleisch reichen Sie Weißbrot und evtl.
gemischten Salat.

Meat-Sauce

Fleischsauce

diese pikant gewürzte Fleischsauce eignet sich für gekochtes, gegrilltes und gebratenes

Fleisch: Kalb, Rind, Schwein, Hammel, Geflügel.

Mint-Sauce

ist eine englische Pfefferminz-Sauce und besteht aus
Pfefferminze, Zucker, Essig, Karamel.

Mint-Sauce paßt zu kaltem und warmem

Fleisch: Lamm- und Hammelbraten.

Mirin

ist ein Reisschnaps, der mit Kräutern vermischt ist und
wie Likör duftet.

Als Würze paßt er zu:

Salat- und Fleischsaucen.

SAUCEN UND ANDERES WÜRZIGES

Mixed Pickles

Mixed Pickles (mixed = gemischt) sind in Essig und Gewürze eingelegte Gemüse, wie Gurken, Karotten, Bohnen, Zwiebeln, Blumenkohl.

Sie werden als Beilage gereicht zu:

Fleisch, Salaten, kalten Platten und Cocktails.

Mustard-Sauce

Sauce Moutarde

ist eine pikante Champagner-Senf-Sauce, die Dill und
andere Gewürze enthält.

Sie schmeckt sehr gut zu:

Gemüse, Fleisch, Fondue, gekochtem Fisch, Mayonnaise.

O.K.-Sauce

Diese pikante Sauce können Sie wie Worcestersauce
verwenden für:

Gemüse, Suppen, Fleisch- und Käsespeisen, Salatsaucen.

Onion-Juice

Zwiebelsaft

Onion-Juice ist der aus der frischen Zwiebel gewonnene
Saft. Er erspart Ihnen das Zwiebelschneiden und die even-
tuellen Tränen ...

Geben Sie ihn in:

Gemüse, Suppen, Eintopf, Salatsaucen.

Für Gerichte, in denen geröstete Zwiebel verwendet werden soll (wie Bratkartoffeln und Bratensaucen), brauchen
Sie allerdings frische Zwiebeln.
Weitere Anwendungsmöglichkeiten für Zwiebelsaft finden Sie unter dem Stichwort »Zwiebel«.

Paprikamark

wird aus den roten Paprikaschoten hergestellt.

Es ist vitaminreich und pikant und eignet sich zum Färben und Würzen von:

Salat- und Bratensaucen, Ragouts.

Perlzwiebeln

Pearl Onions

Das sind kleine weiße Zwiebeln, die in Malzessig eingelegt werden. Sie nehmen sie zur Garnierung oder als
Würze für:

Salate, Saucen, Cocktails.

Piccalilli

Piccalilli Green Tomato Relish

sind englische Mixed Pickles in Senfsauce mit Curry und
anderen Gewürzen.

Sie passen zu:

Salaten, Kalbfleisch, Ragout, Steaks.

Außerdem gibt es **Piccalilli Green Tomato Relish** (siehe auch unter dem Stichwort »Relish«), bestehend aus feingeschnittenen grünen Tomaten, Piment, Zwiebel, Essig und Gewürzen. Sie können »Piccalilli Green Tomato Relish« wie »Piccalilli« verwenden.

Relish

India Relish
Tomato Relish

India Relish sind feingehackte, süßsaure Mixed Pickles, bestehend aus Gurken und verschiedenen Gewürzen.

India Relish paßt als Beilage zu:

kalten Platten, Butterbrot, Kartoffelsalat.

Außerdem gibt es **Tomato Relish,** das aus gehackten grünen Tomaten und verschiedenen anderen Gemüsen und Gewürzen besteht.
Tomato Relish kann wie India Relish verwendet werden.
Siehe auch unter dem Stichwort »Piccalilli Green Tomato Relish«.

Salad-Cream

Die Salad-Cream – eine weißgelbe Creme – wird hergestellt aus Eiern, Öl, Malzessig.

Als Salatsauce geeignet für:

Gemüse-, Kartoffel-, Fleisch-, Fischsalat.

Salad-Cream ist kein Mayonnaise-Ersatz. Ich würde
Ihnen raten, aus verschiedenen Saucen und Gewürzen
Ihre eigene Salatsauce – nach Ihrem Geschmack – zu
bereiten.

Samballan

Sambal Goreng
Sambal Manis
Sambal Oelek
Sambal Petis

Samballan ist die wichtigste Beilage für die indische und
indonesische Reistafel. Die ca. 16 Sambals unterscheiden sich durch die Zusammenstellung der verschiedenen
Gewürze voneinander.
Es sollen jeweils kleine Mengen von Samballan verwendet werden.
Samballan muß gut verschlossen und möglichst kühl aufbewahrt werden.

Sie können Samballan als Beilage nehmen für:

Fleisch- und Reisgerichte.

Sambal Goreng
ist gebackener spanischer Pfeffer (Cayenne-Pfeffer) mit
Zwiebeln und anderen Gewürzen.

Sambal Manis
ist in Öl gebackener spanischer Pfeffer mit Zwiebel, Zukker und Gewürzen.

Sambal Oelek
ist gestampfter spanischer Pfeffer (Cayenne-Pfeffer), der
schärfste der gebackenen Sambals. Sambal Oelek wird
auch anstelle von Pfeffer genommen.

Sambal Petis
ist eine Kräutermischung aus Fischextrakt, Knoblauch,
Lorbeer, Lombok, Serehpulver.

Sandwich-Spread

besteht aus feingehackten Früchten, Gemüsen, Oliven,
Öl, Eiern. Sandwich-Spread können Sie noch etwas –
nach Ihrem Geschmack – nachwürzen (mit Pfeffer, Salz,
anderen Saucen).

Sandwich-Spread eignet sich

als Aufstrich für Sandwiches, als Füllung für russische
Eier und Tomaten, als Zusatz zu Salatsaucen.

Sauce Béarnaise

Eilige Köche brauchen nicht mehr auf Sauce Béarnaise zu
verzichten. Sie können sie fix und fertig in Gläsern kaufen.

Sauce Béarnaise gehört zu:

Gegrilltem Fleisch, Fondue, gegrilltem Fisch, Gemüse.

Sauce Bourguignonne

ist eine pikant gewürzte Senfsauce, die Sie vielseitig verwenden können für:

Suppen: Eintopf.
Salate: Grüner, Gemüse-, Fleisch-, Fisch-.
Fleisch: Schwein, Rind, Fondue.

Salat-Sauce für grünen Salat, Endivien-, Feld-, Gemüse und Tomatensalat

Dazu nehmen Sie für 2 Personen (je nach Salatmenge): 1½ Eßlöffel Sauce Bourguignonne, 1 Teelöffel Tomatenketchup, 2 Spritzer Worcestersauce, 1 Eigelb, 2 Teelöffel Zitronensaft oder Weinessig, Salz, Pfeffer, 2 Teelöffel feingehackte Petersilie, 1½ Eßlöffel Öl, 1 Prise Zucker.

Zubereitung:
Sie verrühren alles recht gut. Den vorbereiteten Salat haben Sie inzwischen kalt gestellt. Jetzt geben Sie die Salatsauce über den Salat und lassen ihn im Eisschrank noch 10 Minuten ziehen.

Sauce Hollandaise

ist tafelfertig zubereitet und paßt zu:

Gemüse: Spargel, Artischocken, Blumenkohl, Pilzen.
Fleisch: Ragouts, Geflügel, Fondue.
Fisch: Gekocht.

Sauce Melba

heißt eine würzige süße Sauce, die Sie für

Frucht- und Süßspeisen, Vanille-Eis (zum Darübergießen), Obstsalat, Pfirsich Melba

verwenden können.

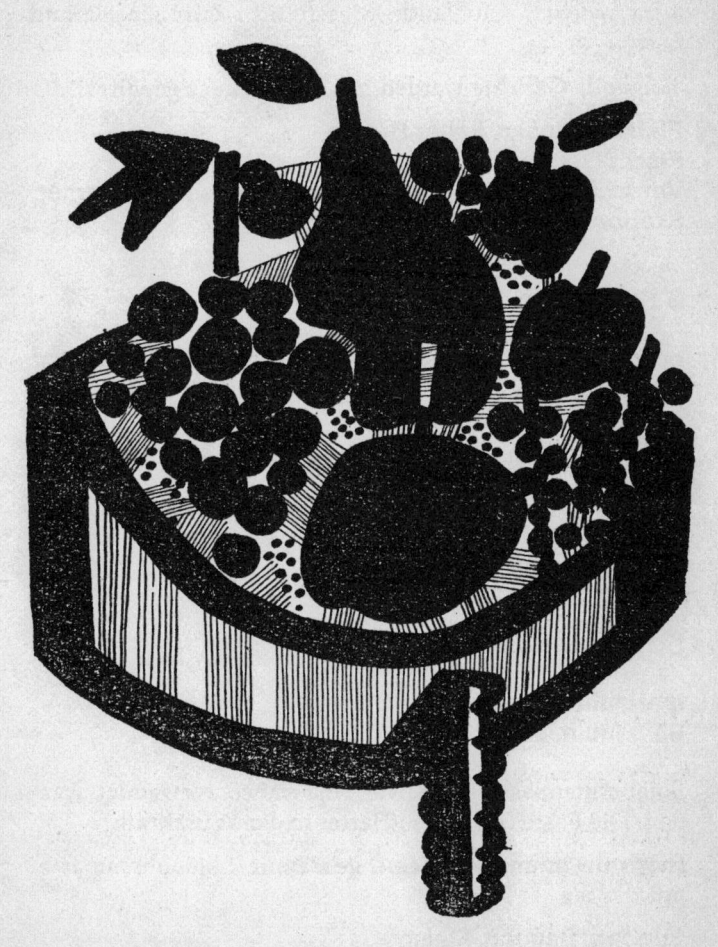

Seafood-Cocktail-Sauce

Seafood-Cocktail-Sauce besteht aus: Tomatenmark, Zukker, Zwiebel, Knoblauch, Meerrettich, Zitronensaft und Essig.

Folgende Gerichte werden mit dieser Sauce gewürzt:

Fleisch: Steaks, kalter Braten.
Fisch: Gekocht, Hummer, Krabben, Krebs.
Verschiedenes: Cocktails aus Krebsen, Hummer, Krabben.

Senffrüchte

nennt man verschiedene in Weinessig, Senf, Zucker und Gewürze eingelegte Früchte. Man kann sie fertig zubereitet in Gläsern kaufen.

Sie sind eine schmackhafte Beilage und Würze für:

Fleisch: Rind, Schwein, Steaks, Pastete, kalter Braten, Fondue.
Verschiedenes: Vorspeise.

Sojabohnenpaste

Inarizuhi-no-moto
Shinshu miso

Sojabohnenpaste kann wie Soja-Sauce verwendet werden. Die Paste ist konzentrierter in der Würzkraft.

Inarizuhi-no-moto ist eine gebräunte Sojabohnenpaste, mit der Sie

Suppen, Saucen, Fleisch

würzen können.

Shinshu miso ist auch eine Sojabohnenpaste, die Sie wie Inarizuhi-no-moto verwenden können.

Weitere Würzmöglichkeiten finden Sie unter dem Stichwort »Soja-Sauce«.

Soja-Sauce

China-Soja-Würze
Japan-Soja-Würze
Amoy-Soy-Sauce

Die Soja-Sauce hat verschiedene Markenbezeichnungen. Sie wird aus der Sojabohne hergestellt, ist vitaminreich und würzig. In der asiatischen Küche werden alle pikanten Speisen mit Soja-Sauce gewürzt.

China-Soja-Würze ist dunkelbraun und dickflüssig.

Japan. Soja-Würze ist schwarzbraun, nicht so dickflüssig und konzentriert wie die China-Soja-Würze.

Amoy-Soy-Sauce wird wie alle anderen Soja-Saucen zum Würzen von folgenden Speisen genommen:

Gemüse: Eintopf, alle Gemüse außer Spargel.
Suppen: alle Arten.
Fleisch: alle Arten.
Verschiedenes: Salatsaucen, Fischmarinaden.

Seien Sie vorsichtig beim Würzen mit Soja-Sauce. Oft genügen schon 1 bis 2 Spritzer.

Sparerib-Sauce

ist gemischt aus Zucker, Jamaika-Ingwer, Essig, Salz, Pfirsichen und Aprikosen. (Sparerib heißt auf Deutsch Schälrippen, Kotelettstück. Durch Pökeln der Kotelettstücke erhalten Sie das bekannte Kasseler Rippchen = Rippenspeer.)

Sparerib-Sauce gehört zu folgenden Speisen:

Fleisch: Fondue, Schnitzel vom Kalb und Schwein, kalter und warmer Braten, Steaks (vor und während des Bratens oder Grillens mit Sparerib-Sauce überpinseln).
Verschiedenes: Käse, Reistafel.

Tabasco-Sauce

Tabasco-Sauce ist die schärfste aller Saucen. Ihr Hauptbestandteil ist Cayenne-Pfeffer.

Würzen Sie mit Tabasco-Sauce vorsichtig, meistens genügt ein Tropfen:

Fisch: Austern, Hummer, Shrimps (Garnelen).
Verschiedenes: Mayonnaise, Remouladensauce.

Tatar-Sauce

Tatar-Sauce ist eine weiße, cremige, pikant zusammengestellte Sauce aus Gemüse, Eiern, Oliven, Kapern, Zitronensaft und Gewürzen.

Sie können sie wie Mayonnaise verwenden für:

Fleisch: Jeder Art, kalt oder gebraten.
Fisch: Hummer, Krabben, Aal.

Tomatenketchup

Ketchup
Hot Ketchup

ist eine pikant gewürzte rote Sauce bestehend aus: Tomaten, Essig, Senf, Zucker, Piment, Cayenne-Pfeffer, Schalotten.

Hot Ketchup ist schärfer, »heißer« gewürzt als Ketchup und daher sparsamer zu verwenden.

Tomatenketchup – auch Ketchup genannt – oder Hot Ketchup gehören zu:

Gemüse, Suppen, Salaten, kaltem Fleisch und Geflügel, Fisch-, Eier- und Käsespeisen, Bratensaucen.

Tomatenmark

Tomatenpüree

Tomatenmark wird aus reifen Tomaten hergestellt. Es besteht aus gekochten, durchgedrückten Tomaten ohne Schale und Kerne und ist im Unterschied zu Tomatenketchup ungewürzt.

Sie können Tomatenmark zum Färben nehmen für:

Salat- und Bratensaucen, Ragouts, Gemüse.

Trassie

ist eine Krabbenpaste. Sie gibt den Speisen eine typisch indische Note.

Ein wenig Trassie paßt in:

Fischsaucen, Fischsalat, aber auch Fleischsaucen und Reisgerichte.

Weinessig

Red Wine Vinegar
Red Wine Vinegar Garlic
Red Wine Vinegar Tarragon
White Wine Vinegar
White Wine Vinegar Basil
White Wine Vinegar Tarragon

Red Wine Vinegar = Rotweinessig

geben Sie in:

Fleisch- und Salatsaucen.

Red Wine Vinegar Garlic = Knoblauch-Rotweinessig

geben Sie in:

Gemüse: Artischocken, Rosenkohl.
Salate: Fisch-, grüner, Kartoffel-, Gemüse-.
Fleisch: Lamm, Sauerbraten.
Fisch: Gegrillt, gebacken.

Red Wine Vinegar Tarragon = Estragon-Rotweinessig

gehört in:

Gemüse: Artischocken, Linsen.
Salate: Kartoffel-, Fisch-, grüner.
Fleisch: Braten, Geflügel, Wild.
Fisch: Gekocht.

White Wine Vinegar = Weißweinessig

nehmen Sie für:

Salatsaucen, Wildbeizen.

White Wine Vinegar Basil = Basilikum-Weißweinessig

Das ist Weißweinessig mit frischem Basilikum für:

Salate: Tomaten-, grüner.
Fleisch: Braten.
Fisch: Gekocht, Hummer.

White Wine Vinegar Tarragon = Estragon-Weißwein-essig

Im Estragon-Weißweinessig liegen frische Estragon-zweige. Mit diesem Essig würzen Sie:

Braten- und Salatsaucen, Wildbeizen.

Weißweinessig hat ein leichteres Aroma als Rotwein-essig, der eher »wuchtig« würzt. Verwenden Sie beide Essigsorten sparsam. Guter Weinessig ist recht sauer.
Die Salatsauce sollten Sie in einem Extra-Gefäß zuberei-ten, ehe Sie sie über den Salat gießen.
Für den Feinschmecker ist es ratsam, für Salatsaucen keine Essigessenz zu nehmen, weil man sich dabei leicht in der Schärfe »vermixen« kann.

Salat-Sauce für grünen Salat, Endiviensalat und Spargelsalat mit Estragon-Weißweinessig

Sie verrühren 1 Eigelb mit 1 Prise Zucker, Salz, Pfeffer, 1½ Eßlöffel Öl, 1 knappen Eßlöffel Estra-gon-Weißweinessig.

Diese Sauce schütten Sie über den Salat und lassen ihn 10 Minuten ziehen.

Worcestersauce

Worcestershire-Sauce

ist eine dunkelbraune, würzige Sauce, die in England
aus Malzessig, Sojabohnen, Zucker, Tamarindenmus,
Sirup, Salz, Chillies, Nelken, Knoblauch und anderen
Gewürzen hergestellt wird.
Zwischen Worcestersauce und Worcestershire-Sauce be-
stehen keine Qualitätsunterschiede. Es sind lediglich verschiedene Fabrikatsbezeichnungen.

Sparsam verwendet – 1 bis 2 Spritzer genügen – gehört
die Worcestersauce in:

Gemüse: Eintopf.
Suppen: Gemüse-, Fleisch-, Kartoffel-.
Fleisch: Koteletts, Steaks, Braten, Wild, Ragout.
Fisch: Gekocht und gebraten.
Verschiedenes: Bratensaucen, Salatsaucen, Käse-
gerichte.

GEWÜRZ-REGISTER
SAUCEN-REGISTER

ALPHABETISCHES REGISTER DER GEWÜRZE

ALPHABETISCHES REGISTER DER SAUCEN

HEYNE X KOCHBÜCHER

Ilse Froidl
Das Wild-Kochbuch
4019 / DM 3,80

Das Geflügel-Kochbuch
4025 / DM 3,80

Emil Reimers
Alles vom Ei
4032 / DM 3,80

Heinz Denckler
Das Pilz-Kochbuch
4038 / DM 3,80

Emil Reimers
Das Suppen-Kochbuch
4040 / DM 3,80

Theodor Böttiger
**Schlemmerwelt der
Vorspeisen**
4049 / DM 3,80

**Flambieren und mit Wein
gekocht**
4052 / DM 3,80

Ilse Froidl
Kuchen und Torten
4071 / DM 3,80

Emil Reimers
**Das große Saucen-
Kochbuch**
4073 / DM 3,80

Ilse Froidl
Vegetarische Küche
4080 / DM 3,80

Emil Reimers
Das Fleisch-Kochbuch
4086 / DM 3,80

Trudl Kirchdorfer
Leckere Nudelgerichte
4087 / DM 3,80

Eva Exner
**Kalte Gerichte
für heiße Tage**
4096 / DM 3,80

Ilse Froidl
Rohkostgerichte
4097 / DM 3,80

200 leichte Abendessen
4120 / DM 2,80

Emil Reimers
Das Spargelkochbuch
4132 / DM 2,80

Das Pudding-Kochbuch
4152 / DM 3,80

Heinz Denckler
200 Kohlgerichte
4164 / DM 2,80

Emil Reimers
**Fritieren und
in Fett gebacken**
4166 / DM 2,80

Rose-Madeleine Emmery
**Schokoladen-
Schlemmereien**
4177 / DM 2,80

Die farbigen Heyne-Kochbücher